现代企业
业财融合及其数字化发展研究

冯雪莲　著

吉林文史出版社

图书在版编目（CIP）数据

现代企业业财融合及其数字化发展研究 / 冯雪莲著.

长春 : 吉林文史出版社，2025. 1. — ISBN 978-7-5752-

0926-7

Ⅰ. F275-39

中国国家版本馆 CIP 数据核字第 20253ZP998 号

现代企业业财融合及其数字化发展研究

XIANDAI QIYE YECAI RONGHE JI QI SHUZIHUA FAZHAN YANJIU

著　　者：冯雪莲

责任编辑：高丹丹

出版发行：吉林文史出版社

电　　话：0431-81629359

地　　址：长春市福祉大路 5788 号

邮　　编：130117

网　　址：www.jlws.com.cn

印　　刷：定州启航印刷有限公司

开　　本：710mm×1000mm　1/16

印　　张：15.25

字　　数：225 千字

版　　次：2025 年 1 月第 1 版

印　　次：2025 年 1 月第 1 次印刷

书　　号：ISBN 978-7-5752-0926-7

定　　价：88.00 元

在当今全球化和竞争日益激烈的市场环境中，企业在追求持续成长和优势巩固的过程中，面临着无数的挑战和机遇。随着数字化技术的飞速发展，企业的经营模式和管理方式正经历根本性的变革。业财融合，作为一种新兴的管理理念和实践模式，正逐渐成为推动企业可持续发展的关键力量。本书旨在深入探讨业财融合的内涵、意义以及在数字化背景下的实施策略和效果，为企业管理者提供理论指导和实操建议。

业财融合是企业在发展过程中对业务和财务管理进行深度融合的策略，旨在通过打破传统的部门界限，实现资源的优化配置和管理效率的最大化。在数字化时代背景下，业财融合不仅是一种必然趋势，还是企业转型升级的重要驱动力。随着云计算、大数据、人工智能等技术的广泛应用，企业能够更有效地集成和处理业务与财务数据，实现决策的科学化和精准化。

全书共分为七章，第一章和第二章分别介绍了业财融合的基本概念和数字化时代业财融合的概念框架，通过对业财融合内涵的阐述和数字化背景下的技术发展趋势的分析，为读者提供了坚实的理论基础和宏观视角。第三章到第六章则更加聚焦于技术实施和管理实践，详细讨论了数据处理技术、ERP 系统、RPA 技术、SAP 系统及人工智能等数字化工具如何支持业财融合的实施。同时，从财务集成共享、管理会计、内控管理等不同角度，展示了数字化如何优化企业的财务管理和增强其战略决策能力。第七章探讨了业财融合对企业组织行为和文化的影响。在数字化转型过程中，企业文化和员工行为模式的适应性变革是成功实施业财融合的关键。这一章不仅分析了业财融合对企业文化建设的推动作用，还探讨了如何在业财融合的背景下进行顶层设计和制度体系建设。

本书的特点首先在于内容紧跟时代潮流，密切关注本学科的前沿动态，将数字化与业财融合相结合，使读者能够清晰了解当前业财融合的发展趋势。其次，本书在结构上进行了精心的设计，既有理论的阐述，又有策略的提出，使得读者在阅读过程中能够循序渐进、系统地掌握业财融合的知识。最后，本书从多个模块对业财融合的数字化发展作了探讨，有利于读者全面、立体地了解业财融合数字化发展。

本书是业财融合相关领域人员的必备读物，也可供在科研、教学等领域中从事财务管理、企业管理方面工作的人员使用。本书观点客观、剖析全面、通俗易懂，既适合专业人士阅读，也适合对业财融合感兴趣的普通读者阅读。总的来说，本书是一部兼具理论深度和实践价值的著作，对从事业财融合相关工作的人员来说，具有很高的参考价值。

由于时间、水平有限，书中难免存在疏漏之处，恳请广大读者批评指正。

目 录

第一章 业财融合的基本认识

第一节 业财融合的内涵

一、业财融合的概念界定

在企业管理中，业财融合是指将企业的核心业务活动与财务管理紧密结合的一种模式。这种融合意味着将传统的财务会计和管理工作与企业的生产经营环节密切结合，进而打破常规的部门界限，实现跨职能的协作和优化。基于此，会计不再单纯是数字和报表的处理，而是成为业务决策和流程优化的内在部分，通过与各业务环节的深度整合，推动企业的整体效率提高和效果增强。该模式的核心在于利用管理会计的原则，实现财务与业务之间的自然衔接和互动。

关于业财融合的概念界定，主要有以下几种主张，如表 1-1 所示。

表 1-1 业财融合的概念界定

主张	具体解释
合作关系主张	企业市场经营线与行政综合线之间的协同与贯通
合作与制衡关系主张	合作在于业务需要财务提供决策支持；制衡在于财务对业务具有监督和评价的作用
融合价值链主张	价值链管理需要通过业财融合实现业务财务一体化
信息系统一体化主张	利用信息技术，使企业财务数据与业务信息融为一体

二、业财融合的本质

（一）"业务—财务"是一枚硬币的两面

在任何营利性企业中，价值创造是其根本目标。企业运作和价值创造过程可以划分为两个主要部分：业务经营和组织管理。[①] 业务经营是企业活动的核心，涵盖战略规划、商业模式制定、经营策划等，以及这些计划所引导的整个价值链流程，包括市场调研、产品开发、采购、生产、销售及售后服务等关键步骤。组织管理则涉及企业因规模扩大和职能分化而必需的各种专业管理，如人力资源、法务和财务管理等。在这两大系统中，财务管理是核心，它涉及财务战略的制定、资金的投入与融资、现金流的管理，还包括提供重要的财务信息和决策支持以及企业风险的控制。财务管理的这些功能使其成为组织管理系统中的关键组成部分，财务部门的作用远超出了传统的资金和账目处理，更体现出资源配置的战略性、信息的决策性和管理的综合性。

从上述分析中可以看出，"财务—业务"关系表明了以下几个方面的内容：

第一，在企业管理中，业务与财务的融合是一种必需。业务经营包括战略制定、业务规划和具体的运营活动，而财务管理涉及资金流动和信息处理等关键要素。两者的相互作用和依赖表明，将业务经营与财务管理有效结合是组织运行成功的关键。在企业的初期阶段，尽管财务管理可能未形成独立的职能部门，但业务活动依然会本能地融入对成本和盈利的考量中，显示出业财融合的初步形态。

第二，业财融合本质上是一个双向互动的过程：一方面，业务操作推动了财务管理的发展；另一方面，财务的成熟与完善也支持并推动了业务的深入发展。随着企业交易结构的复杂化和外部环境的不确定性增强，高度系统化和专业化的财务管理成为企业运营不可或缺的一部分。这种"双轮驱动"

---

① 吴娟．数字化转型中业财融合及其实现路径研究 [M]．长春：吉林人民出版社，2022：4.

的模式提高了企业的日常运作效率，并不断地优化和调整业务与财务的结合，使企业进一步增强了核心竞争力和提高了市场地位，有助于实现组织价值的最大化。

第三，在组织的发展过程中，权责体系的构建和职能的明确分工是为了提高管理效率，但这些不应成为业财融合的阻碍。随着组织对不同管理职能需求的增加，不只产生了专门的管理部门，还带来了权力结构和信息报告结构的变革，如集中型、分散型权力结构，以及自下而上、扁平化的信息报告模式等。长期来看，组织在实践中过度强调职能的独立性和专业性，导致业务与财务相对分离，有时还将其误视为目的而非手段，从而在无意中构建起职能之间的壁垒。所以，当前的组织管理应重视职能之间的融合与合作，超越简单的职能划分。业财融合要服务于组织的核心目标——价值创造。管理的真正意义在于支持业务的发展和保护组织的整体利益，而非单纯的职能运作。因此，打破职能壁垒，通过增强内部协调和外部合作以及职能间的共生关系，是实现有效管理和最终价值创造的关键。

（二）业财融合、"公司等式"与价值创造

根据业财融合的理念，公司治理架构下的管理活动由管理层主导，旨在同时满足客户与股东的需求，构建一个相互融合的业务与财务管理体系。从抽象角度看，公司可以视为一个法人实体，其核心目标是在业务经营方面提高客户满意度（由首席执行官领导），同时在财务管理方面满足股东期望（由首席财务官领导）。这种管理方式类似于会计的基本等式"资产＝负债＋所有者权益"，可以形象地称之为"公司等式"，其中公司的运营和管理围绕着"客户满意（业务）＝股东满意（财务）"这一平衡方程展开。

1. 价值创造目标统驭"公司等式"

公司管理的核心是价值创造，而这一目标是通过满足客户和股东的需求来实现的，进而形成了"公司等式"。业务经营始于识别客户需求，并以满足这些需求为终点，因此客户价值直接影响公司的增值过程。而股东作为公司发展和生存的关键资源提供者，推动公司价值的持续创造，因此，管理者

的首要任务是满足这两方的需求。此处的"客户"概念是广义的，包括市场上的直接消费者以及业务生态链中的合作伙伴和其他相关方。

2. 平衡"客户——股东"的利益关系是公司价值创造应遵循的基本原则

在实际经营中，股东与客户之间的利益往往存在冲突。这种冲突不一定源自客户的直接要求或股东对管理层的业绩期望，而更多是源于公司内部业务和财务管理的差异。例如，业务运营中的工程师和技术人员可能会因为他们的职业特性而倾向于追求产品设计的完美和高质量，甚至超出客户的实际需求和支付意愿。这种"工程师式"的经营思维可能导致成本不必要地增加，进一步忽视了股东的利益。反之，当公司将股东利益置于首位，可能会采取短视的管理策略，如刻意降低成本以满足股东的短期利益，这虽然可以暂时提高利润，但往往以牺牲产品质量和客户价值为代价，影响公司的长期竞争力。所以，公司的业务经营者和财务管理者必须致力于找到一个平衡点，既能满足客户的需求，又能保障股东的利益，这是实现业财融合的关键。

3. 业财融合是一个信息系统

业财融合作为管理会计的一个核心议题，其本质不是职能管理的问题，而是涉及会计的基本问题。根据英国特许管理会计师公会（The Chartered Institute of Management Accountants，CIMA）和美国注册会计师协会（American Institute of Certified Public Accountants，AICPA）发布的《全球管理会计原则》，管理会计的主要任务是提供与决策相关的财务与非财务信息，旨在帮助组织创造并持续增加价值。从这个角度看，管理会计本质上是一个信息系统，业财融合的角色在于为企业的决策和评估提供必要的信息支持。

近来，一些观点误将管理会计等同于直接参与战略决策或直接创造价值，虽然实际上可以将这些活动看作管理会计的拓展内容，但更确切地说，它们标志着管理会计在概念边界上的扩张。管理会计并不直接制定战略内容或进行决策，其核心功能是作为一个决策支持系统，协助企业在制定战略和经营决策时提供信息。如果将企业的运作比作一辆行驶中的汽车或一架飞行中的飞机，那么管理会计系统就好比驾驶员或飞行员旁的仪表盘，为其提供必要的信息以确保方向和操作正确。业财融合在此架构中并不直接介入具体的经营决策或活动，而是扮演着后台管理的角色，负责信息的确认、计量、记录和汇总报告。这一信息系统的目的是为企业内部的管理者和员工提供与决策相关的信息，满足企业在价值创造、战略主导、风险控制、供应链管理、绩效管理和成本控制等方面的需求。

　　虽然当前大多数企业都部署了各类信息系统（如预算管理系统和经营分析系统等），但仍然存在对以业财融合为核心的管理会计信息系统的需求。这主要是因为多个方面存在挑战，从而凸显了业财融合的必要性，说明了更新、优化和整合企业的管理会计信息系统是业财融合的核心动力和挑战。

4. 业财融合并非仅针对管理会计

　　（1）业财融合是会计信息生成和应用的基础。会计信息的产生与业务交易密切相关，而且有效的业务核算是基于对交易结构的深刻理解，以便能够对交易进行恰当的分类，从而提供有价值的会计信息。事实上，会计信息系统的核心就是基于交易的分类，这种分类标准是多样化且可定制的。在没有会计准则限制的情况下，一个针对具体业务经营和管理需求而设计的多维和个性化分类的会计系统，本质上是一个集信息提供和决策支持于一体的系统。会计系统是一种组织内置的计量和报告系统，也是利用组织的生产和资源配置生成的信息，进行资源再配置和再生产的工具。这些会计信息的收集、整理、分析、解释、报告和使用通常由专门的会计部门管理，形成了组织内部专门的职能会计机构。从会计信息的应用角度来看，如果这些由组织经营活动产生的会计信息不能有效反馈并用于优化未来的经营活动，或者不能为公司股东及其他利益相关者提供决策支持，那么会计系统就会失去其存在的合理性和正当性。由此可见，无论是财务会计还是管理会计，它们本质上都属于会计的范畴。

　　（2）业财融合是财务管理特别是日常现金流管理的基础。日常公司财务活动紧密围绕业务经营进行，涉及多方面的财务策略与决策。例如，为支持业务的预期增长，公司需要策划资本来源及外部融资；针对销售收款和采购付款的需求，必须进行现金流的规划与控制；为提升运营效率及资产质量，需要制定适当的存货管理和应收应付款政策等。此外，从财务战略和长期投融资决策的角度来看，任何投资决策都是基于对未来市场和业务前景的评估。市场和业务的增长促进投资，而投资决策又推动融资选择和资本的优化配置，这包括资本结构的优化和财务风险的控制。业财融合的作用一方面表现为财务对业务的支持与服务，另一方面还涉及财务在规范和控制业务发展中的作用。这种双向作用确保了企业管理活动能够围绕核心业务有效开展，增强了财务管理的战略性和实效性。

三、业财融合的特点

业财融合主要有四大特点，如图 1-1 所示。

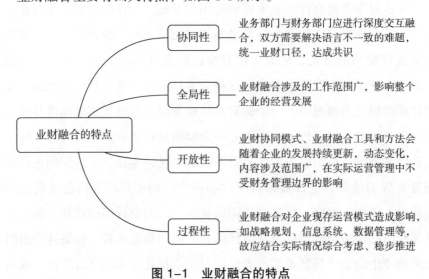

图 1-1　业财融合的特点

四、业财融合的发展阶段

业财融合发展可以分为三个主要阶段。第一个阶段是萌芽期，主要的创新活动集中在财务部门内部，包括财务思维、方法和工具的创新，如采用 ABC 成本法和目标成本法等。这一阶段的创新虽然聚焦于财务核算领域，但为后续发展奠定了基础。

第二个阶段是成长期，业务与财务之间的界限开始模糊，财务和业务人员之间的互动与沟通显著增加。在这一时期，业务和财务领域的相互关注逐渐加深，双方开始探索初步的协同操作。信息不对称的问题得到改善，信息化手段得到成熟应用，集成的业财信息平台开始形成，流程梳理基本完成，并在关键节点实施了业财共控措施，为建立企业的业务财务协同网络打下了基础。

第三个阶段是成熟期。在这一阶段，企业全面推行预算管理，构建以业财融合为核心的绩效评价体系，形成了一个完整的业财融合体系。通过优秀的数据搜集、处理和分析能力，业财融合将原始数据有效地转化为决策信息，支持管理者作出快速且准确的决策。

第二节　业财融合的意义

一、提升决策效率

在现代企业管理中，决策效率的提升是企业追求高效运营和市场竞争力的关键因素之一，业财融合在这一方面发挥着重要作用，其核心在于将财务管理与业务运营深度整合，为企业决策提供及时、全面和准确的数据支持。具体表现为以下几点：

第一，业财融合能够实现数据的实时更新和共享，这增强了管理层快速反应的能力。在传统模式下，财务信息的处理往往存在延迟，管理者获取的数据也许已不能反映当前的经营状态，这直接影响到决策的时效性和有效性。业财融合通过建立集成的信息系统，如企业资源计划（enterprise resource planning，ERP）系统，确保了数据流的无缝对接，财务数据（如成本、收入、利润等）能够与业务活动（如销售、采购、生产等）即时关联，管理者能够基于最新的数据做出反应，大幅缩短决策时间，提升决策效率。

第二，业财融合增强了数据的综合性和多维度分析能力。传统财务职能通常侧重于财务数据的核算和报告，而与业务部门的数据隔离可能导致管理者在决策时缺乏全局视角。业财融合通过跨部门的数据整合，使得管理者在作出决策时，能够全面考虑财务和业务的各种因素。例如，通过对市场营销活动的投入与销售数据的关联分析，管理者可以更准确地评估营销策略的成本效益，调整营销预算分配，从而实现更高的投资回报率。

第三，业财融合通过提供更精准的数据支持，帮助管理者作出更为科学的决策。在业财融合模式下，财务不只是数字的记录者，更是业务活动的参与者和评价者。财务信息系统能够根据业务流程自动捕捉相关数据，进行即时的财务分析，如成本分析、盈亏预测等。这些分析结果直接为管理决策提供了量化的依据，降低了决策的不确定性。

第四，业财融合有助于促进内部沟通和提高信息透明度，这是提升决策效率的一个重要方面。在业财融合的环境下，财务和业务部门之间的界限被模糊，信息流通更加畅通。这种跨部门的沟通机制使得问题可以迅速被识别并解决，大大减少决策过程中的障碍，增强了组织的协调性，加快了响应速度。

二、优化资源配置

业财融合对于优化资源配置的意义不可小觑，它通过在企业的财务管理与业务运营之间建立紧密的连接，显著提高了资源配置的效率，增强了资源配置的效果。

（一）业财融合能够提供更精准的财务数据，提升了业务洞察能力

业财融合的实施极大地提高了企业的数据整合能力，打破了传统企业运营中财务与业务部门之间的壁垒。这种融合确保了数据流通与信息共享的顺畅，为决策者提供了全面且实时更新的财务和业务数据。这一变化使得信息的准确性显著提升，决策的响应速度显著加快，企业能够更灵活地应对市场变化。例如，企业可以实时监控产品的成本和市场表现，快速识别需求变动

或成本波动，进而及时调整生产规模和销售策略，优化库存，减少不必要的资金占用和降低库存积压风险。

（二）业财融合增强了对资源使用的监控和控制能力

在业财深度融合的框架下，财务信息系统能够精准捕捉并追踪每一笔资金流向，从而深刻洞察资源使用的细微差别与整体效能。这一转变促使企业实现了从粗放到精细的资源管理革命，使每一分钱的投入都能得到详尽的效益评估。通过实时对比各部门的预算规划与实际运营成果，企业能够迅速识别出资源错配或低效使用的迹象，进而启动针对性强的优化策略。这种以财务为驱动的全方位资源监控机制，不仅提升了资源使用的透明度与效率，还促进了企业内部资源的优化配置与持续增值，为企业的长远发展奠定了坚实的基础。

（三）业财融合促进了基于战略视角的资源配置

业财融合的深化引领着资源配置的航向，确保每一份资源的流向都精准对接企业的愿景。在这一框架下，财务管理成为企业战略落地的关键推手。企业能够依托翔实的财务数据，绘制出面向未来的资源配置蓝图，让每一项投资决策都闪耀着战略智慧的光芒。具体而言，当企业面临新市场的开拓抉择时，业财融合机制能够迅速调动财务资源，通过详尽的财务分析，如市场潜力评估、预期收益预测等，为企业提供科学的决策依据。同样，在产品线的扩张与优化上，企业能依托财务数据的精准指引，精准计算投资回报与回收周期，从而制定出既符合市场趋势又兼顾成本效益的产品策略。

业财融合促进了企业内部资源的跨部门协同，打破了传统财务与业务之间的壁垒，使得资源配置更加灵活高效。通过定期召开跨部门财务会议，企业能够及时了解各部门对资源的需求与利用情况，从而在整体战略的指引下，实现资源的优化配置与高效利用。

（四）业财融合提高了企业对外部环境变化的适应性

在瞬息万变的市场环境中，企业必须迅速应对外部经济条件的变化，如汇率波动、原材料价格波动等。业财融合的信息系统能够提供实时的市场和财务数据，帮助管理者快速调整应对策略，例如更改采购计划或重新定价销售的产品，最大限度地减少外部风险对企业资源配置的影响。除此之外，业财融合还使企业在面对政策变化和监管要求时更加灵活。通过集成化的数据分析系统，企业能够及时识别和预测政策变化带来的影响，并通过调整内部流程和资源配置来适应新规。业财融合系统在某种程度上能提高企业在跨国运营中的协调能力，在全球市场上应对不同地区的经济和政策波动，使企业更具竞争力和抗风险能力。

三、强化风险管理

（一）业财融合提高了风险识别的准确性

在传统模式下，业务部门可能专注于市场和操作层面的风险，财务部门则关注财务指标和合规性风险，这种分割可能导致对某些综合性风险的忽视，比如那些同时影响财务和业务的风险因素。业财融合实现了数据和视角的整合，使得风险管理不再局限于单一部门的视角，而是基于全公司的综合数据进行的。在全面的视角下，企业能更早地识别潜在风险，比如通过综合分析市场趋势、成本变动和收入流动，预见需求下降或成本上升的风险，并及时做出反应。

（二）业财融合拓展了风险评估的深度和广度

通过将业务流程与财务报告系统集成，企业能够对风险因素进行更为精细的量化分析。例如，业财融合可以帮助企业实施更为精细的成本—效益分析，评估不同业务策略下的潜在财务影响，并预测可能的风险敞口。通过实时监控财务指标与业务操作的关联性，企业可以评估各种决策和市场变动对财务状况的即时影响，从而更准确地判断风险水平。

（三）业财融合提升了风险监控的系统性和连续性

在业财融合模式下，风险管理成为日常操作和决策的一部分，而非孤立的审查或审计活动。财务和业务部门可以共享风险指标和警报系统，实现风险的实时监控和快速响应。如果销售数据突然下降或供应链中断，相关风险指标会立即向管理层发出警报，允许企业快速调整策略，减少损失。

（四）业财融合通过提供一套完整的风险管理框架，提升了企业的竞争力和市场信誉

良好的风险管理减少了运营中断和财务损失的可能性，也为企业赢得了投资者、合作伙伴和客户的信任。这套风险管理框架包括风险识别、评估、监控和应对策略，通过有效的风险识别，企业可以提前发现潜在的威胁并采取相应的措施。评估环节则帮助企业了解风险的严重程度和可能造成的影响，为决策提供数据支持。监控过程确保风险管理的持续性和及时性，发现新的风险点并迅速做出反应。应对策略则涵盖了各种可能的应急预案和缓解手段，确保即使在突发事件发生时，企业也能保持稳定的运营。

四、增强跨部门协作

（一）业财融合通过集成的信息系统实现了数据和流程的无缝对接

在传统的企业结构中，财务部门与其他业务部门（如销售部、生产部和市场部）通常各自为政，分别管理自己的信息和数据，这种分割很容易产生信息孤岛，阻碍有效的沟通和协作。业财融合通过实现数据整合，确保所有部门都可以访问和利用同一套数据，如实时财务报告、成本数据和业务绩效指标等。这种共享的信息平台既提高了数据的透明度，又使得不同部门能够基于相同的事实基础进行沟通和协作，有效地提高了决策的质量，加快了执行的速度。

（二）业财融合加强了部门间的战略一致性

在业财融合模式下，企业的财务战略和业务战略不再是隔离的两套体系，而是相互融合和支持的。通过共同的战略规划和目标设定，财务和业务部门可以共同参与预算制定、成本控制和收益最大化等关键决策过程。这种策略上的共识和协作促进了不同部门间的合作，使得企业能够更有效地实现长远目标，如市场扩展、产品创新和成本效率提升。

（三）业财融合促进了基于绩效的文化建设

企业通过精细设定各部门的财务与业务关键绩效指标（Key Performance Indicator，KPI），并将这些指标融入绩效评价体系，构建了一个既注重个人贡献又强调团队协作的激励机制。在这样的文化氛围中，财务部门与销售部门的合作尤为紧密。财务部门通过深入分析销售回款周期及客户信用状况，为销售部门提供了宝贵的市场洞察信息与风险控制建议。而销售部门基于这些信息，积极调整销售策略，加速资金回笼，降低坏账风险。两者之间的紧密配合，不仅提升了销售效率与财务稳健性，更在无形中强化了团队间的信任与默契。

生产部门与财务部门的协作也日益深化。财务部门利用成本分析工具，为生产部门揭示了生产流程中的成本瓶颈与浪费环节。生产部门则据此调整生产计划，优化生产流程，实现成本的有效控制与效率的大幅提升。

（四）业财融合通过技术和工具的共享，进一步加强了跨部门协作

现代企业中的 ERP 系统、商业智能工具等，可以被各部门共同使用。这些工具提供的洞察和分析功能有助于跨部门协作，共同推动项目进展和创新发展。ERP 系统能实时整合各部门的数据流，实现资源的优化配置，还能加强对公司整体运营状况的把握。商业智能工具则通过数据可视化和详尽的分析报告，辅助决策层制定明智的策略。

五、促进持续改进

通过将财务管理与业务运营紧密结合，企业能够实现更为动态的管理和优化，持续提高运营效率、质量和创新能力，进而适应市场的变化并应对挑战。

（一）业财融合能够提供实时、综合的数据支持

提供实时、综合的数据支持是持续改进的基础。在传统企业中，业务数据和财务数据往往是分离的，导致管理决策可能基于片面或过时的信息。业财融合通过整合这两类数据，确保管理层能够基于全面和最新的信息进行决

策。例如，通过实时监控财务表现和业务操作的关联数据，企业可以快速识别效率低下的区域，找到成本超支的原因，或者评估客户满意度与收入之间的关系。这种数据的即时可用性和全面性使企业能够及时调整策略和流程，持续改进其业务模式。

（二）业财融合强化了基于绩效的管理

强化基于绩效的管理是推动持续改进的关键。通过设定具体的财务和业务绩效指标，并将这些指标纳入日常管理和评价体系，企业可以更系统地跟踪进展情况和成果。例如，将成本控制、客户满意度、市场份额扩展等业务指标与财务指标如营业收入、利润率和现金流紧密结合，能够帮助管理层监控业务表现，激励员工向着共同的目标努力。绩效导向的管理模式促使全体员工持续寻求改进的方法，有利于推动整个企业的持续进步。

（三）业财融合促进了跨部门合作

在业财融合的环境下，不同部门之间的信息壁垒被打破，财务信息的透明度和可访问性提高，各部门能够更有效地协同工作。跨部门的协作既提高了问题解决的效率，又增强了创新的可能性，因为拥有不同背景和专长的团队成员可以一起探索新的业务机会和解决方案。而且，业财融合带来的信息流动性使团队能够实时获取关键的财务数据，帮助他们在决策过程中考虑更全面的因素。同时，这种透明度促进了各部门之间的信任关系，减少了潜在的误解和内部竞争。

六、支持战略实施

（一）业财融合确保战略决策基于全面而准确的信息

业财融合通过整合财务和业务数据，为战略决策提供了一个全面且均衡的信息平台，显著提高了决策的质量和执行的效率。在没有业财融合的企业结构中，财务部门的数据通常专注于成本控制、利润分析和财务健康度，业务部门则更关注市场动态、客户需求和竞争对手情况。这种数据隔离可能导致管理层在制定战略时缺乏一个多维度的视角，如财务部门可能未能充分考虑市场扩展的潜在收益，业务部门可能忽视了进入新市场的财务风险。业财融合弥补了这一缺口，使得战略决策能够基于一个综合视角进行。当企业考虑进入一个新市场或开发新产品时，业财融合既可以分析该决策对销售额、市场份额的潜在影响，又可以同步评估启动成本、资本投入和回报率等财务指标。这种从多个角度综合评估的能力，确保企业在追求增长和扩张的同时，能够维持财务稳健和风险可控。

（二）业财融合强化了战略目标与日常操作之间的连贯性

业财融合在强化战略目标与日常操作之间的连贯性方面起到了桥梁的作用。通过此机制，企业设定了宏观的战略目标，还能将这些目标转化为可量化的业务和财务指标，使战略实施变得可执行、可监控。这种转化确保企业的每日运营活动与长期战略目标保持一致，有助于战略目标的有效执行和持续优化。以提升市场份额为例，业财融合不仅关注总体销售增长，还深入具体的销售数据分析、市场营销投入的效果评估，以及从客户反馈中获得的洞察信息。这些细化的指标使得企业能够精确监控市场动向和消费者行为，评估现有策略的成效。例如，通过分析不同区域的销售数据和营销活动的 ROI（投资回报率），企业可以识别哪些策略有效，哪些需要调整。

第三节　业财融合的理论基础

一、流程再造理论

业务流程再造（Business Process Reengineering，BPR）是一种对企业现行流程进行深入分析和重新设计的方法，目的在于最大化流程的增值效果，从而显著提升组织的整体绩效。这种方法强调利用现代信息技术的发展，通过技术的集成来实现企业业绩的大幅提升。随着信息技术在社会生活及企业经营各个方面的广泛应用，业务流程再造的重要性和有效性越来越被企业界和学术界重视。在《重造企业》一书中，迈克尔·哈默和詹姆斯·钱皮对业务流程再造进行了初步的定义和深入的描述。他们提出，这种再造不只是对企业流程的基本和根本性重新考虑，而是需要进行彻底的、激进的改造，以设计全新的业务流程。他们认为，这种流程的重新设计应致力于实现业绩的显著提升，而这种转变涉及的深度和广度标志着企业运作方式的根本性改变。

在设计新的业务流程时，关键在于深入考虑几个基本问题，以确保流程的设计与企业的战略目标紧密对接，从而达成预期的业绩提升目标：

（一）明确工作目的与方式

首先，企业必须准确界定为什么要开展某项工作以及选择特定的工作方法的原因。这一过程要求对企业的长远战略有一个深刻的理解，这涉及目标的设定，以及如何达到这些目标的具体规划。例如，企业可能需要通过优化供应链管理来加快市场响应速度，或者通过改进服务流程来提升客户满意度。企业应在这一战略框架下绘制其核心业务流程的蓝图，并围绕这些核心流程进行重新设计和整合，确保所有的生产经营活动都能有效支持战略目标的实现。

（二）采取激进方法

BPR 不是要求企业对现有流程进行微调，而是需要采取激进的方法重构工作模式。这意味着企业需要放弃那些仅仅因为"我们一直这么做"而存在的过时流程，而采用能够带来根本性改变的全新流程。例如，通过引入先进的技术（如人工智能和机器学习），企业可以从根本上改变数据处理和客户服务的方式，实现更高效的操作，为客户提供更好的体验。这种彻底的变革需要企业在组织文化、员工培训和技术支持等多个层面做好充分准备，以确保新流程的顺利实施并最大化其效益。

（三）实现显著成效

BPR 的目标不是产生表面或边缘的改变，而是在成本、服务、质量等多个核心方面取得显著的改善。这种改进应体现在企业的所有基本运营指标上，确保整体业绩的大幅提升。

（四）专注于过程导向

为了确保实现显著的改善，企业必须将关注点集中在业务流程上。这意味着整个组织的操作必须首先符合并支持基本业务流程的要求。通过超越传统的人员、职能、工作、团队和部门的界限，企业才能有效地实施面向过程的方法，从根本上提升操作效率、获得更好的业绩表现。

二、信息传递理论

信号理论主要解决信息不对称的问题，其中信息优势方通过发出信号来展示其真实价值给信息劣势方。这一理论的关键在于高能力者相较于低能力者，其发出信号的成本更低，这使得其所发出的信号更具信任度。[①] 这个逻辑强调了信号的可信性，而且突出了成本差异作为区分高低能力者的重要标准。在信息传递理论中，必须满足两个条件才能有效地发挥信号的作用：第一，存在信息不对称的情况时，信息优势方需要先行发出信号；第二，这个信号必须能够更容易地被特定人群接收，以增强其信号的可信度。

在业务和财务整合的过程中，此理论同样适用。业财融合让财务部门能够全面参与企业的业务流程，在业务发展的每个阶段（包括事前、事中和事后）都能充分利用财务的功能优势。这种整合加强了财务人员与其他部门的沟通，确保了信息的及时传递和准确性，为企业的管理决策提供了坚实的信息支撑。

三、PDCA 循环理论

PDCA 循环理论，即计划（Plan）、执行（Do）、检查（Check）、行动（Act）循环，是管理学中用于提升和优化企业管理及质量控制流程的一种经典方法。该理论最初用于推动企业产品的质量控制，随着时间的推移及其理

---

① 陈蓉美.基于业财融合的 C 公司财务管控研究 [D]. 南京：南京林业大学，2023.

论实践的不断扩展，已广泛应用于企业的多个质量管理领域。

在"计划"阶段，关键任务是明确具体的执行目标与政策方针，细化所需执行的各项活动，并制订出一套详尽的执行计划。此阶段的目的在于为接下来的操作设定清晰的指导方向和目标。

进入"执行"阶段，企业将根据之前制订的计划开始具体的操作。此时，保证按计划要求执行每一项活动至关重要，以确保操作的效率和成果，并需要特别关注遵守相关的合规性要求。

在"检查"阶段，企业将对执行阶段的工作进行细致的回顾和评估，监控实施过程中的效率和成果，并检验这些成果是否达到了预定的目标和标准。通过这一阶段的检查，得出是否满足预期的结论。

最后的"行动"阶段，是基于前一阶段的检查结果进行的深入分析和改进。在这一阶段，企业将肯定并标准化成功的经验，并对任何发现的问题或疏漏进行修正并解决。对于那些未能在当前循环中解决的问题，将计划在下一周期中继续处理。

整个 PDCA 循环是一个持续的过程改进和质量提升机制，可以帮助企业持续优化操作流程和提高产品及服务质量。PDCA 循环图如图 1-2 所示。

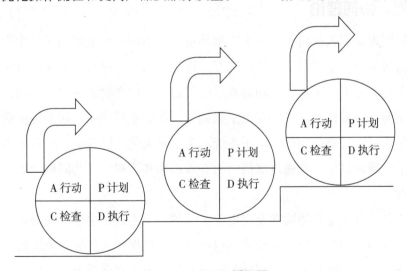

图 1-2　PDCA 循环图

由上面的分析可以得出，PDCA 循环理论具有下面几个特点：

（一）周期性进程

PDCA 循环通过计划、执行、检查和行动这四个阶段形成一个连续循环的结构。每一个周期的结束都为下一个周期积累了有价值的经验和提出了改进措施，从而实现知识的积累和效率的提高。

（二）阶段的连续性

在 PDCA 循环中，四个阶段紧密相连，一个阶段的完成自然而然地引到下一个阶段的开展。这种设计确保了流程的连续性，也增强了整个系统的动态协调性，使改进措施可以在每个阶段都能得到有效实施。

（三）逐步提升

PDCA 循环的每一次迭代都不是简单的重复，而是在不断地提升和完善。企业可以在每个周期结束时进行详细的反思和总结，从中积累的经验，并为接下来的循环做好准备。随着每个循环的完成，相关流程和措施的效率和效果都将得到显著提升和增强，实现持续的业务优化。

四、协同理论

协同理论深入探讨了在一个广阔环境中，不同类型系统间相互作用的关系。通过分析母系统与子系统的交互，该理论认为，尽管子系统间可能存在显著差异，它们的集体行动却对母系统的总体功能产生了决定性影响，且这种影响与系统整体功能性的强度呈正相关。在企业环境中，如果将企业视作一个母系统，各部门则构成了子系统。为了最大化协同效果，这些子系统应当追求一致的目标，并通过部门间的有效运作和流程协作共同推动企业目标的实现。

业财融合正是将协同理论应用于实际的一个例证，主要表现为业务部门与财务部门之间的合作，这种协同包括流程、数据和人员等多个层面。在具体实施过程中，财务人员需充分了解业务部门关于资金需求的具体情况，而业务人员也应尽可能提供精确的预算和资金使用信息以满足财务部门的需求。这种相互理解和配合能够促进部门间的协同，有助于大幅度提升达成企业宏观目标的效率，从而发挥协同效应，达到事半功倍的效果。

五、管理会计理论

管理会计理论涵盖风险管理、成本管理、预算管理和绩效管理等关键领域，每一块都对企业的战略执行和运营效率有着深远的影响。[①]

风险管理涉及根据企业的战略目标识别、分析和控制在业务及财务流程中可能出现的风险。这一过程不仅要求企业建立完善的风险控制系统，还要求通过预测和对动态信息的分析，提前识别潜在风险，并制定相应的防范措施。在大数据和信息技术高度发展的今天，管理会计通过对未来趋势的预测和对实时信息的处理，有效支持企业在竞争中维持优势，保障企业风险管理的全面性和前瞻性。

成本管理是管理会计的重要组成部分，主要通过应用管理学原理对企业日常成本进行有效预测和控制。管理会计在此过程中扮演着关键角色，通过对业务价值链中的成本进行详尽分析，实现成本的控制和优化。这包括对产品全生命周期的成本管理，以及对集团整体成本的监控和调整，以实现企业资源的高效利用和成本最小化目标。

预算管理旨在通过合理的资源配置促进企业的可持续发展。管理会计在编制预算时需要综合企业的销售计划和产能等因素，确保预算体系覆盖业务操作的各个环节。此外，预算管理起到指导各部门的作用，帮助它们实现既定的经营目标，进而增强整个企业预算控制的效果和精确性。

绩效管理涉及制定和评估公司及各部门的绩效目标，并对绩效结果进行分析，以便调整和优化未来的绩效目标。在这一过程中，管理会计的作用不仅限于提供财务数据和分析支持，还包括参与制订绩效计划，并确保绩效评估的公正性和准确性。管理会计的这一角色对于实现公司的整体战略目标和提升企业绩效至关重要。

---

① 谢梦 .M 集团业财融合视角下财务转型研究 [D]. 南京：南京邮电大学，2022.

第二章　数字化时代与业财融合概述

第一节　数字化时代的基本内涵

一、数字化时代的认识

数字化时代的兴起标志着信息技术和传播技术的融合，重新定义了人们的工作、生活和互动方式。在这一时代，所有信息均通过数字方式进行编码、存储及传输，大大提高了信息处理的效率，加快了信息传播速度。随着人工智能、区块链等先进技术的广泛应用，信息流通不断加快，用户体验和互动质量显著增强。这些变化为社会的发展带来了前所未有的便捷，推动了技术和日常生活的深度整合，推动了社会整体的进步。

数字技术的发展对人类的影响主要表现在以下几个方面：

（一）数字技术的发展和普及改变了人们学习、工作的方式

随着数字化时代的到来，人们在学习和工作上的模式经历了深刻的变革。数字技术的发展加快了知识的获取和传播速度，提升了信息处理的效率。在教育领域，传统的学习途径正在被互联网技术重塑。借助网络平台，学生能够即时访问各类在线教育资源，如视频教程、专业网站及电子图书等。此外，社交媒体的普及极大地促进了师生和同行之间的即时交流，使学习方式变得更为多元。在职场上，数字化技术尤其是人工智能的运用，已经开始代替传统的手动操作，改变了多个行业的工作模式。例如，通过自动化

技术，数据录入工作已从手动输入转变为自动化处理，这极大地提高了数据处理的效率和准确性。同样，在客服行业，AI 驱动的自动客服系统能够快速响应并解决客户的常规问题，缩短了客户的等待时间，提高了服务质量。

（二）数字技术的发展方便了人们的日常生活

日益普及的数字支付方法，如支付宝、微信以及各类银行应用程序，让居民能够轻松处理水、电、煤缴费等日常事务。这些平台支持在线缴费，还允许用户随时查询账户余额，有效避免了欠费所引起的不便。在出行方面，数字化的转型同样体现了效率。在过去，购买火车票或机票需亲自前往车站或机场的售票窗口，而现在，利用手机应用程序即可实时查看票务信息，并随时完成在线购票。这种转变为人们节省了宝贵的时间，也避免了因票售罄导致的不必要的往返过程。

（三）数字技术使得数据处理更高效、准确

在数字化时代，数字技术的应用显著提高了数据处理的效率与准确性。先进的计算机系统和算法可以迅速处理和分析大量数据，这减少了人工操作中的错误和时间消耗。例如，使用机器学习技术，企业可以从庞大的数据集中识别出模式和趋势，为决策提供科学依据，同时优化业务流程；自动化数据处理技术（如数据挖掘和自然语言处理等），使得复杂信息的提取和转化更加高效，进一步拓展了数据利用的广度和深度。这些技术在商业、医疗、科研等多个领域发挥着重要作用，大大提高了数据处理的质量、加快了数据处理的速度，推动了知识的创新与应用。

二、数字化时代的特点

数字化时代的特点主要表现为以下六点，如图 2-1 所示。

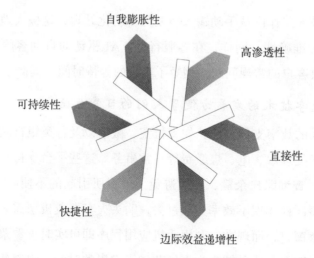

图 2-1 数字化时代的特点

（一）快捷性

数字化时代的快捷性显著改变了人们的生活与交流方式，主要体现在距离和时间两个维度上。第一，全球化的网络连接将地理距离的概念重新定义，使地球成为一个紧密相连的"全球村"。无论身处何地，人们都能通过互联网即时沟通和交流，这增强了全球人民之间的互动、加深了他们之间的理解。第二，数字技术极大加快了信息的传播速度。信息可以在几乎无延迟的情况下迅速传遍世界各地，促进了信息共享的即时性和普遍性。这种快捷的信息流通深刻影响了经济活动的模式。以线上团购为例，通过社交媒体平台如微信群，商家能够每日向消费者推送商品信息，消费者则可简便地通过数字支付进行购买，商品快速送达，这极大节省了消费者前往传统商场的时间和精力，提升了购物的便利性，也激发了更频繁的消费行为。这种新型的购物方式促进了社区经济的流动性，增强了商家与消费者之间的直接互动，进一步激活了地方经济。

（二）可持续性

数字化时代的可持续性特征主要体现在技术应用带来的高效资源利用和环境影响最小化上。在农业领域，数字化技术的应用极大改善了传统农业生产模式，推动了绿色可持续发展。例如，通过精准农业技术，农场可以利用卫星定位系统（Global Positioning System，GPS）、地理信息系统（Geographic Information System，GIS）以及物联网（Internet of Things，IoT）设备，实现作物生长的实时监测和精确管理。这些技术能够根据作物需求精确控制水分和肥料的使用，显著减少资源浪费。而使用无人机进行作物监控和健康评估可以及时发现病虫害问题，减少农药的使用量，保护生态环境。这些举措在提升农业生产效率和产量的同时，还保障了农业生态的可持续性，挖掘了数字化技术在促进环保和资源可持续管理方面的巨大潜力。

（三）自我膨胀性

数字化时代的自我膨胀性特征主要表现在技术和数据的指数级增长及其对社会结构和个体行为的深刻影响上。随着技术的发展，新的数字工具和平台持续涌现，推动了数据的爆炸性增长，这种增长提供了前所未有的信息访问能力和连接性，加速了技术创新的循环，使得新技术迅速被开发并应用到各个生活和工作领域。例如，大数据分析、人工智能、物联网等技术的应用，极大地扩展了数字技术的边界，不断推动经济、社会乃至文化层面的变革。

（四）高渗透性

数字化时代的高渗透性体现在其技术和应用广泛影响并整合进入社会的各个层面，包括经济、教育、医疗、政府公共服务和日常生活等领域。这种渗透性源于数字技术的多样化功能和网络的全球覆盖，使得信息能够瞬间跨越地理和文化边界。例如，云计算和大数据技术提升了企业的运营效率，改变了消费者的消费行为，提供了个性化服务。在教育领域，数字化工具（如在线学习平台和虚拟现实技术）使得学习资源更加丰富和易于获取，极大地扩展了教育的覆盖范围和深度。政府服务通过数字化转型，实现了更高效的公共服务管理和更透明的政府运作。数字技术的高渗透性还带来了社会结构和个体生活方式的深刻变革。在个人层面，智能手机和应用程序的普及让人们的社交、购物乃至娱乐活动都依赖数字平台来进行，形成了一个高度依赖网络的数字生活方式。在社会层面，从智慧城市的建设到远程工作的普及，数字化正在重塑人们的居住和工作环境，在提高生活质量的同时也带来了对于数据安全和隐私保护的新挑战。

（五）直接性

在数字化时代，信息传递方式经历了根本性变革。通过互联网，各类媒介内容无论是文本、图像、音频还是视频，都可以迅速而广泛地传播到全球。这种快速传播极大地消除了传统媒体的延时性问题并降低了成本，实现了信息获取的即时性和低成本。此外，数字平台提供了一个实时互动的环境，人们可以即时发布反馈、参与讨论和分享观点，这极大促进了人与人之间的直接交流和深度连接。对商业实体和个体而言，数字化技术拓宽了他们接触和影响市场的途径。例如，借助电子商务平台，个体和小企业可以通过直播等形式直接接触消费者，降低了商业运作的门槛并提高了市场活跃度，增强了消费者与卖家之间的互动，使市场更加透明和可访问。

（六）边际效益递增性

边际效益递增性是数字经济的一个显著特征，主要体现在两个方面。第一，数字经济的边际成本递减。随着生产量的增加，新增成本逐渐降低，这是因为数字产品一旦开发完成，复制和分发的成本极低。第二，数字经济具有累积增值性。[①] 随着用户数量和数据量的增加，服务和产品的价值会因网络效应而持续增长，从而为企业和消费者创造更大的价值。

---

① 程燕. 数字化时代下的智慧理财研究 [M]. 北京：北京工业大学出版社，2023：3.

第二节 数字化时代业财融合的发展机遇与基本特征

一、传统意义上的业财融合

企业在不同发展阶段会有不同的业财关系，如图 2-2 所示。

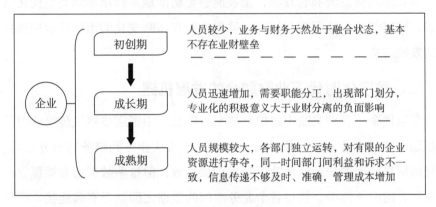

图 2-2 企业不同发展阶段的业财关系

在初创期，企业通常只有少数员工，业务和财务职能往往是集中处理的。但是，随着企业的发展和扩张，其规模和内部管理的复杂性不断增强，逐渐需要将业务和财务的职能区分开来。在成长期，虽然分离业务和财务带来了一定的挑战，但专业化的分工能够对管理效率的提高起到更大的正面作用，帮助企业科学地进行管理。进入成熟期后，市场变得更为稳定，企业的长期竞争力更多地依赖于精准的战略决策和有效的运营管理。随着员工数量的增加和部门职能的细化，企业面临更高的管理成本和更复杂的内部矛盾。各职能部门可能会因目标不一致而发生冲突，尤其是在业务和财务部门之间。这种冲突在资源有限的情况下尤为明显，容易导致资源的内耗，对企业的整体效率和发展造成阻碍。在当前社会，经济环境的变化和企业发展的需要，使得财务部门的角色已经从传统的账目核算扩展到更为广泛的战略层面。在业务与财务一体化的新模式下，财务不再局限于事后的数据监控和绩效评估，而是开始主动参与业务的各个环节，为企业提供决策支持，预测和规划未来的业务走向。这种转变使得财务部门能够在企业的价值链中起到更加核心的作用，通过预见性的管理和建议，推动企业策略的优化和创新。在当前全球经济增长放缓和国内经济结构调整的大背景下，业务与财务的深度融合对于企业尤为关键，能够帮助企业更好地应对外部市场的不确定性，提高内部管理的科学性和效率，直接提升企业的竞争力和市场价值。通过整合财务与业务的信息流和管理流，企业能够更精准地掌握市场动态，优化资源配置，同时强化风险管理和控制，确保企业在不断变化的市场环境中保持稳健的发展态势。

二、数字化时代下业财融合的发展机遇

在当代企业管理实践中，信息技术的广泛应用正逐步解决传统业财融合的难题。现代企业普遍采用信息化工具，涵盖从业务到财务的全方位需求。常见的信息管理系统虽然使数据管理更加高效，但这些数据通常被孤立地存储在各自的服务器中，使得各个业务部门的数据之间缺乏有效连接。而海量数据的价值不只体现在其决策支持能力上，更体现在不同数据间潜在的互动关系中。为了挖掘这些横跨各业务系统的数据价值，企业必须进行彻底的数据分类、整理、加工与分析，以生成有助于决策的关键信息。在这一过程中，代表性的信息技术"大智移云"的作用尤为突出，该技术集大数据、人工智能、云计算、移动互联网及物联网等多个领域的先进成果于一体，不仅能支持数据的收集和整合，还能进行深度处理和分析，有助于实现数据资源的最大化利用和智能化管理。[1]

---

①吴娟.数字化转型中业财融合及其实现路径研究 [M].长春：吉林人民出版社，2022：13.

（一）为业财融合提供新思路

业财融合作为管理会计的核心议题，在"大智移云"技术浪潮下展现出新的面貌，这种新时代要求企业重新思考和调整管理会计的构架，以应对技术变革带来的市场动荡、消费需求变化等挑战。在这种背景下，企业需要摒弃传统的管理会计思维模式，采用以数据为核心的新方法来促进业财部门的深度融合。"大智移云"时代的企业通过强化数据在财务与业务间的桥梁作用，利用互联网和大数据等技术，能推动业财融合的新发展，扩大管理会计的应用范围，从而更有效地应对和解决历史上业财融合中遇到的问题，实现管理会计的现代化和高效化。

（二）为数据处理提供新技术

在当今"大智移云"的技术浪潮中，企业有机会重构其业财一体化的信息系统架构，使财务与业务管理系统的连接更加紧密。这种全球化的一体化信息系统将采纳高效的数据处理技术，以满足日益复杂的管理需求。

首先，通过应用"大智移云"技术，企业能够从传统的数据收集模式转变为更加多元化和智能化的模式。在传统模式中，数据收集往往局限于企业内部的财务与业务数据，且大多数数据是结构化的。现在，借助智能设备和物联网技术，企业可以从日常运营中自动采集大量半结构化及非结构化数据，这些数据有的来源于企业内部，有的来自外部媒体信息等多种数据源。这种技术使得所收集的数据信息覆盖面更广，包括从社交媒体、网络行为、市场动态等，极大地丰富了管理会计的数据基础。

其次，随着数据类型和量的增加，企业对数据存储的需求也随之增大。在"大智移云"技术支持下，企业可以利用云计算平台和分布式存储技术，有效管理海量数据，并通过高效的数据处理和分类技术，按照业务和财务管理的需求对数据进行适当的归纳和整理。这些技术提供的是一个可扩展、高效且安全的数据存储解决方案，允许企业对数据资源进行集中管理和实时分析，大大提高了数据的可用性、加快了业务决策的响应速度。

再次，数据分析进一步深化。传统的数据分析方法，如抽样统计，因计算限制而可能扩大误差。此外，这些方法对半结构化及非结构化数据的处理能力有待进一步提升。随着大数据和云计算技术的发展，企业现在能够对收集的数据进行深入的建模和分析，从而生成各种管理报告，并将这些报告反馈到业财一体化的管理平台上。这种全局性的业财一体化信息系统整合了业务与财务的数据流，确保数据的处理效率高、失真低。该系统的自动化决策过程提高了决策效率，减少了人为错误和干预，有效优化了人力资源。

最后，通过移动互联网技术的应用，管理层可以实时访问数据，并对企业运营进行全面监控。这种即时的数据访问和监控能力，使得企业管理活动更加高效和智能化。依托先进的信息技术，现代企业可以实现业财的高度整合，成功迈向更加智能化的管理模式。

（三）为内部管理培养新人才

在"大智移云"技术革新的影响下，中国日益重视对管理会计人才的培养，特别是在培育具备多项技能的复合型人才方面。这种教育策略旨在强化会计专业人员在互联网和相关技术领域的技能，以推动企业在业财融合方面的进步。大数据和人工智能的应用虽然挑战了传统会计角色，导致财务人员面临职业转型的压力，但也促使他们更新观念，既要专注于传统财务任务，又要融入更广泛的商业运营理念。业务人员也在这样的趋势下被鼓励发展与财务相关的思维方式，以提升自身在现代企业中的战略价值、转变职业形象。

基于技术的赋能，企业业财融合需要经历以下三个阶段：

第一个阶段，即简单电子化阶段，企业开始将传统的线下操作转换至线上环境。这个转变涉及建立在线平台和将纸质文件数字化为电子格式，以便数据的提取、交换和存储，提高信息交流的效率。但是，这种初级电子化过程也带来了一些挑战，例如由于缺乏统一的系统规划，各个业务和财务单位建立自己的系统，这些独立的线上系统之间无法实现有效的信息互通。

第二个阶段，即集中信息化阶段。在这一阶段，企业致力于消除原有的业务与财务之间的隔阂，实现业务流程的全面信息化。企业对内部各分组织的应用系统进行集中优化和改进，重新梳理业务流程并按照逻辑进行系统功能规划，制定了统一的标准并建立了系统间的数据传输通道。依靠技术手段实现系统的连接，同时通过管理层对企业全流程的分解和重构，使得具体的业务流程能够被计算机系统有效理解和处理。

第三个阶段，即企业发展的决策智能化阶段。在这一时期借助人工智能和"大智移云"等先进技术，企业进行了组织结构、流程、财务及业务逻辑的全面重构。企业管理和决策的过程越来越多地依赖于计算机系统的自动化执行，人工仅扮演辅助和审核的角色。企业的运营模式转变为"按需生产"，即生产内容由市场需求直接驱动，定价策略则是以目标消费群体为基础，反向推导成本，体现在企业在技术的支持下实现了深入的业财融合，形成了真正意义上的"智慧企业"。

这种由"大智移云"等革命性技术推动的变革，极大地增强了企业建立智能化系统支持体系的能力，实现了业财数据的自动整合与快速分析。通过构建全局性的业财一体化信息系统，显著提升了业务与财务的融合程度，改变了以往职能部门孤立、运作分散的传统管理局面。在这种一体化的信息系统的支持下，信息的传递变得更为迅速和准确。企业的日常运营和管理决策过程由计算机系统自动完成，同时保留了人工决策的通道，确保了线上与线下活动的有效结合，达到了综合管理的新高度。

（四）有助于强化风险管理

1. 风险管理具有重要的现实意义

业财融合在数字化背景下成为企业管理中的关键一步，特别是在风险管理方面，这种融合对企业资源的配置和价值创造具有深远的影响。借助大数据技术和财务共享中心的支持，企业能够将业务与财务中的风险管理进行有效结合，进而将财务部门的角色从传统的事后核算和监控转变为事前的业务分析和风险预测，这一转变显著提升了财务职能的战略地位。通过业财融合，企业能将财务管理深入业务经营的各个环节，实现信息的共享和及时反馈，从而推动企业管理向精细化、高效化发展。此外，业财融合扩展了其在业务活动全过程中的监督和参与度，这种全程参与使得财务管理能够有效地规避潜在风险，并确保企业活动的安全性和价值性。业财融合增强了对企业固定资产和流动资金的动态管理，使企业能够精准识别管理中的薄弱环节，降低预算决策和业务操作的风险。最终，这种融合促进了财务与业务部门的信息互通，财务人员可以通过实时的市场和业务数据，设定并实现业务目标。

2. 大数据技术为风险管理提供技术支持

大数据作为互联网发展的一个重要成果，其技术在众多领域得到了广泛应用，尤其在风险管理方面提供了强大的技术支撑。这项技术的引入，极大地提升了财务及其他管理部门的工作效率，促进了会计职能的转型。业财融合策略使得财务部门能够与业务部门更加紧密合作，通过高效的数据挖掘，对数据进行科学而有效的分析，进而改变会计的核心职能，为企业的决策和发展提供有力的财务分析和支持。业财融合还保证了工作质量的提升。在企业发展的各个阶段，实现企业价值最大化始终是最终目标，财务部门在这一过程中发挥着重要作用，负责管理和监控企业的资金流动，对企业的战略决策产生了重要影响。业财融合扩大了财务管理的职责范围，使得财务部门深入了解业务运作的各个环节，把握市场需求，及时调整企业的生产规模和策略，甚至可以有计划地指导企业的战略转型，以适应市场变化。

业财融合作为一种新型的财务管理模式，强调了市场规律在企业发展中的重要性，并将市场作为企业生产的调节杆。这种模式提升了财务管理部门的核心地位，而且显著降低了投资风险，使企业在激烈的市场竞争中占据优势。随着现代企业的快速发展，社会对企业发展的要求也在不断提高，业财融合正是对这些新要求的响应，完全符合现代企业财务管理的需求。业财融合也促进了传统财务会计向管理会计的转型，这种转型在大数据技术的帮助下变得更加高效。财务管理部门通过应用财务软件，一方面节约了人力物力，另一方面提升了工作效率和质量，这些变化是现代企业向管理型会计转型的必要步骤。

在数字化背景下，利用大数据技术，业财融合可以实现财务的整合化，使得企业财务部门能够通过财务管理软件监控企业各个部门的信息，如订单信息、质量评价及市场行情等，这些信息对于财务预算和预测极为关键，为企业提供了重要的决策支持。如今，企业财务部门的职责已经从简单的账目处理转变为提供详尽的财务分析报告，这些报告对企业的长期发展至关重要。财务会计向管理会计的转型是现代财务管理发展的趋势，也是现代企业发展的必然要求。业财融合加速了这一转型过程，确保了财务管理的战略地位，强化了其在企业决策中的作用。

数字化时代，实现业财融合的关键在于利用大数据技术来整合财务与业务流程。一是企业需要整合各类业务管理系统，如业务管理、成本管理、物资管理及财务分析系统等，创建有效的信息对接通道。这些通道将连接各个部门与业务单元，为企业提供财务共享服务奠定坚实的基础。二是企业应加快财务与业务流程的整合速度，通过调整财务组织结构并优化会计组织架构，确保财务人员能够直接参与业务流程，为业务决策提供必要的支持。三是财务人员在业务执行过程中应被赋予更多的管理权限，以增强其在业务决策中的作用。四是企业应从整体价值导向出发，重塑财务管理流程，以提高业财融合的程度，进一步提升企业管理的效率、增强企业管理的效果。

借助先进的信息技术，企业管理者能够对所有业务活动进行全面监控。通过完善的信息系统，企业能自动追踪并管理业务执行情况。为了更好地处理来自各个业务系统的数据，企业应建立统一的结算中心系统，统一数据标准，并生成必要的财务报表，这些报表对于支持企业的运营和管理决策至关重要。企业需要利用内部信息管理系统和数据分析系统来构建一个完整的财务风险控制系统，提高对财务风险的监控和管理能力。

针对财务风险管理，财务人员需要加大财务数据在决策中的支持力度，将财务数据与业务数据进行有效融合。在向管理层提供分析报告时，应超越简单的数据结果分析，包括提供关于业务经营活动的具体决策支持。通常情况下，企业的 IT 部门负责获取业务数据，财务人员应加强与信息技术部门的合作，通过采用合适的数据分析方法，将财务数据与业务数据结合起来进行深入分析，充分发挥财务数据在决策中的价值。

当前，众多国内大型国有企业已开始实行业财数据融合的分析策略，这一过程涉及将财务数据与业务数据通过可扩展商业报告语言的标签化技术进行整合。在此基础上，财务风险管理人员能够采用两种主要的数据融合方式来优化风险管理。第一，以业务数据为核心进行分析，监测和分析企业业务量的变化，研究这些变化与企业盈亏状态之间的关系，从而辅助企业优化其盈利模式。第二，基于财务风险管理的数据来审视业务数据，考虑到业务活动的推进依赖于资金的支持，财务部门负责策划资金来源，规避可能的财务风险，优化企业的资本结构，以支持业务活动的扩展和效益最大化。

三、数字化时代下业财融合的基本特征

随着互联网的发展，大数据技术应运而生并在各个行业中发挥着关键作用，提供强大的技术支持。在财务管理领域，大数据技术的运用极大提升了工作效率，重塑了会计的职能。传统的会计任务，如记账、结账和报税，正在逐渐向财务数据分析、数据挖掘和为业务部门提供服务等方向转变。这种业财融合使财务部门能更深入地挖掘数据，更科学地分析数据，转变和提升会计的核心职能。

（一）财务会计向管理会计转型

在大数据时代背景下，财务管理部门的作业模式经历了显著的转变，现代技术使得传统的财务会计工作，如日常记账和报税，可以通过财务软件自动完成，节省了大量的人力和资源，显著提升了工作效率与质量。这简化了财务操作流程，推动了会计职能从基础财务管理向高级管理会计的转变，能更好地满足更为复杂的预测和决策需求。

现代企业越来越需要具备分析和决策能力的管理型会计人才。通过业财融合，即将财务与业务部门的信息流整合，财务软件能够实时监控各种关键信息，如订单状态、产品质量和市场动态等，为财务预算和决策提供坚实的数据支撑。这些综合的信息资源不仅强化了财务部门的预算制定和风险管理

能力，还使得财务管理不再局限于传统记账，而是向提供针对企业战略发展关键的财务分析报告转变。因此，从财务会计向管理会计的转型成为现代财务管理的必要趋势，是企业持续发展的核心要素，其标志着企业管理向更高效、数据驱动的方向演进。

（二）会计信息质量得到提高

在企业的业财融合一体化进程中，大数据技术的应用显著提高了会计信息的质量和业财融合的效率。通过大数据技术，企业能够构建一个统一的财务管理信息平台，增强各业务部门财务信息的真实性和完整性，提高财务管理流程的规范性。这种技术的集成使得会计信息的真实性和透明度得到提升，为财务资源的优化配置提供了支持，确保资源能够有效地投入关键的业务活动，减少了资源配置的失误。

此外，这一平台的建立为业务部门与财务部门之间搭建了一个有效的交流与合作的桥梁，有助于统一企业的经营管理活动，增强部门间的协同作用。这样的系统还有效地规范了业务和财务活动，降低了因信息不对称导致的虚假会计行为的风险。通过大数据技术整合的财务信息平台一方面强化了各部门在资金流动、成本控制与预算管理方面的一致性和规范性，另一方面保障了企业的整体经济利益。

（三）财务风险防范能力有效提升

在业财融合一体化模式中，通过运用大数据技术，企业能够构建一个全面的财务信息平台，该平台覆盖所有业务部门和员工，有效地提升了财务风险防控的意识和企业内部财务管理的一致性。[①] 这种技术的实施使企业决策者能够更准确地获取财务信息，减少了财务与业务部门之间信息不对称的问题，促进了更科学和合理的财务决策，能够确保关键业务活动的高效执行。大数据技术的应用还支持企业将资源集中于核心业务，优化财务资源配置，提升企业的市场竞争力和运营效益。

---

① 曾祥兴.大数据时代背景下企业业财融合一体化建设研究 [J].中国商论，2020（5）：33.

进一步地，大数据技术的融入增强了企业及时发现和防范潜在财务风险的能力，帮助财务部门建立先进的财务风险预警系统，优化管理制度和流程。这种一体化的信息系统不仅提高了对业务部门的财务控制，还使企业的运营模式更加灵活和开放，可以有效应对外部市场和政策的变化。大数据技术也提高了财务部门对业务部门在成本、收入及利润方面的监控能力，进一步加强了企业的财务稳定性和风险管理效率，确保了企业在动态市场中的稳健发展。

第三节 业财融合与财务管理职能转型

一、财务管理职能转型的方向

在数字化背景下，财务管理职能转型方向的内容包括以下三点：

（一）财务管理转向高度智能化

这种转变主要是引入先进的人工智能和机器学习技术，使财务操作和决策过程实现自动化。智能化财务管理不只是简化日常的会计任务，如自动化的账目处理和财务报告的生成，还深入为战略决策提供数据支持，如通过算法模型预测市场趋势和财务风险。智能化技术还能实时监控财务健康状况，通过大数据分析来监控资金流和优化成本控制。数字化技术的进步使财务管理不再局限于后勤支持角色，而是成为企业战略规划的核心参与者。

（二）财务管理重点由货币记录转为经营指导

随着财务管理职能的转型，传统的货币记录功能将逐渐减弱，财务部门的角色正在向更加积极的经营指导者转变。在这个过程中，财务管理不再仅仅关注数字记录，而是利用其数据整合能力，综合考虑企业的运营状况、行业趋势、宏观经济环境及资本配置等多方面信息。通过这些综合数据，财务部门能够形成科学且合理的分析报告，为企业作出战略决策提供依据。这种从记录转为指导的变革，支持企业更好地适应市场的变化，加快对经济波动的响应速度，并通过优化产业结构，增强企业的市场竞争力。

（三）财务管理中的价值管理重要性将更加突出

传统上，财务管理主要关注加快收回应收账款和延缓应付账款的支付，以保持资金的流动性和稳定。然而，随着企业运营环境的复杂化，单纯的资金流管理已不足以支撑企业的可持续发展和竞争力提升。价值管理转变了财务管理的焦点，将其核心推向了企业资源的高效利用和价值增长。这一管理策略在企业整体战略规划的背景下，寻求人力、财力和物力的最优配置，以实现资源的增值和保值。通过这种方式，财务管理成为企业运营中的重要支撑和推动企业适应市场变化、增强行业竞争力的关键力量。

二、业财融合背景下财务管理职能转型的路径

（一）加强财务管理和业务流程的融合程度

财务一体化系统的实施标志着企业财务管理从传统的会计核算向更为高级的管理与分析职能的转变。这种转变主要通过以下几个方面来实现：

1.规范化基础会计核算

财务一体化系统通过引入严格的规则和限制，改进了会计记录方法，消除了传统手工会计的随意性并降低了错误率。这种系统化的方法减少了因人为操作而引起的错误和数据篡改的风险，保证了会计核算的准确性和规范性。

2.构建全面的财务数据支持体系

该系统提供了全方位的资金和财务状况监控，建立了一个全面的数据支持体系。这一体系拓宽了数据来源，强化了数据支持能力，拓宽了管理的视野。自动化的数据处理进一步提高了数据的可用性和精确性，为决策奠定了坚实的数据基础。

3. 完善的预算控制和监督机制

财务一体化系统内置的预算控制功能不仅有助于企业构建和完善全面的预算管理体系，还能减少非预算事项的发生，通过预算的引导作用推动业务的合理运行。此外，系统支持使得实际操作的执行依据更为明确，增强了企业决策的前瞻性和准确性。

4. 增强数据共享与透明度

通过建立财务信息共享体系，财务一体化系统为业务部门和管理层提供了精确和及时的数据支持，有效减少了数据操作的人为错误，提高了数据的共享效率和透明度。这种数据共享机制确保所有相关部门能够访问一致且能得到及时更新的信息，从而加强部门间的协作并优化决策过程。

（二）强化业财融合体系与软件支持

为实现财务与业务的融合，企业需建立一个包含高速网络、信息数据库和管理平台等关键组成部分的综合系统，并依赖专业软件的辅助以确保各项任务的顺利进行。在构建这个系统和开发这些软件时，企业应详细掌握财务和业务部门的具体需求，通过与专家的深入交流，确保软件解决方案的实用性和执行的可行性。此方法可以预防系统和软件实施过程中的不匹配问题，并加快员工的学习和适应进程，最大化地发挥体系和软件的支持功能。

（三）推动财务管理职能转型

在推进财务管理职能转型的过程中，应按照循序渐进的原则。在处理问题时需要全面考量，并严格执行风险防控措施。在财务与业务融合及财务职能转型的过程中，将风险管理置于核心位置，通过一连串的预警、识别和评估措施，确保风险在可控范围内。此外，财务职能的转型应聚焦于价值创造，明确将财务部门定位为企业价值的管理者，这一转变涉及将财务工作的核心从传统的货币记录转向风险管理和价值提升，以便在提升管理效率的同时，显著增强财务管理的价值提升功能。[1] 财务职能转型还应强调其服务于

---

[1] 刘亚军. 企业财务业务一体化与财务管理职能转型 [J]. 商场现代化，2019（23）：138.

业务的角色，提供必要的预测、数据支持和评估服务，确保业务操作的客观性和科学性。

第一，对财务职能模块进行优化和完善。这包括将工作流程集中化、标准化和流程化，精细划分财务管理的不同职能区块，如战略财务、业务财务和共享财务等。这样做一是为管理层提供关键的决策支持，二是确保财务数据能及时且有效地转化为对业务活动有用的信息。各个财务职能模块相互配合，相互支持，形成了现代财务管理的基础结构。对这些职能模块的细化，可以提升财务活动的针对性和效率，节省财务人员的时间和精力，从而更有效地支持内部控制、预测和企业战略规划等关键财务任务。

第二，完善财务职能的架构体系。在传统的企业结构中，财务职能通常分为三个层级：管理决策层、财务核算层和业务执行层。这三个流程之间的具体关系如图 2-3 所示。

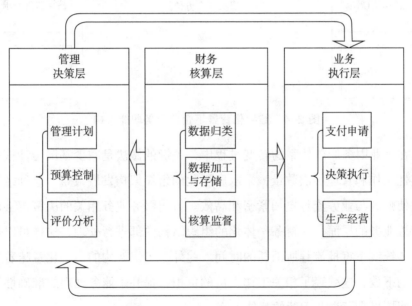

图 2-3　传统企业财务职能架构

财务一体化系统的实施，使得传统的企业财务职能架构发生了显著变化，不再采用传统的"上行下达"模式。该系统通过简化业务流程，减少了处理层级，极大地加快了数据传输的速度，提高了流转的效率，增强了企业财务管理的整体操作效率。此外，系统通过强化业务流程与财务数据之间的内在联系，有效实现了业务与财务的深度融合，优化了整个财务管理链的运作。在数字化背景下，企业财务职能架构如图2-4所示。

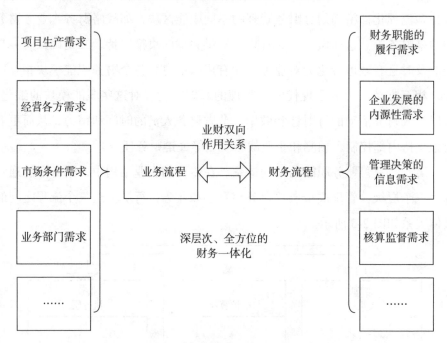

图2-4　数字化背景下企业财务职能架构

在企业财务职能体系的转变过程中，关键的做法是减少基层会计核算的重复性工作和管理层次数量，采取扁平化的组织架构发展策略。这种结构的优化使财务与业务流程更加紧密和高效。将与财务业务相关的决策权下放到更接近业务的层面，在财务一体化的组织结构内部进行处理，这样可以显著减少传统线下审批流程所消耗的时间。此外，组织架构的扁平化意味着领导权力的下放，这减轻了相关工作人员的负担，提升了业务处理的准确性和效率，间接提高了企业运营的整体效率。

（四）完善企业组织体系

第一，为完善企业的组织体系，企业应当通过简化管理层级和缩减管理人员来减少与财务业务相关的工作流程，实现权力的下放，并提高整体工作效率。这种权力的下放使得财务业务能够直接与决策层对接，避免了层层上报耗费的时间和精力，确保了财务业务数据信息的时效性。这体现了财务一体化的优势，也显著提升了企业运转的整体效率。

第二，推广财务一体化系统的使用对企业各职能部门的工作模式产生了显著影响。一方面，必须加强财务管理部门与业务部门之间的监督和协作，以确保一体化系统中数据的准确性和可靠性。另一方面，由于财务一体化系统具备固有的数据存储特性，增强了数据处理的严格性和减少了人为干预的可能，这在一定程度上降低了财务数据造假的风险。系统中任何微小的数据错误都可能被持续放大，因此这种系统的应用在提高数据流转精度的同时，大大提高了风险管理的能力。

（五）提高相关工作人员专业素养

对企业业务部门的工作人员而言，业财融合通过多种方式极大地优化了工作流程。一方面它有效地解决了数据孤岛问题，使得商务合约部门的合同录入、物资部门的库存管理、普通员工的费用报销等业务活动的数据输入直接与财务核算系统连接。这种前端业务与后端财务的紧密关联显著提高了数据处理的效率。财务一体化系统还促进了业务与财务部门之间的多渠道联系和常态化沟通，降低了企业的运营成本和风险，有助于解决两部门之间可能存在的潜在矛盾，提升整体的运营效率。

另一方面，实施财务一体化系统对财务人员的能力要求较高，需要他们具备更强的综合素质和先进的管理理念。财务人员需要主动与业务部门建立联系并不断提升个人能力，以确保与企业的快速发展步伐保持一致。若不能适应这种变化，可能会被企业淘汰。因此，树立整体的企业理念并积极适应新系统的要求对财务人员来说至关重要。

第三章　企业业财融合数字化发展的技术支撑

第一节　数据处理技术

一、业财融合中的数据处理

财务共享服务平台的核心在于先进的信息化办公平台，其实质是将企业内的计划、管理、决策和办公等业务及财务活动转变为数据处理活动。在这个过程中，企业通过数据的采集、处理、积累、管理及应用创造价值。因此，设计共享服务平台时以数据信息流动为主线，可以实现企业各项活动的最大整合。而这一主线的设计理念和技术水平的先进性直接影响企业的运行效率。

在数据流动的整体流程中，可细分为以下几个关键环节：

一是数据的收集和整理。这一环节涉及数据的采集和预处理，是启动后续数据处理、管理和应用活动的基础。① 对财务共享服务平台而言，有效的数据收集是构建组织业务流程和支持管理决策的关键。

二是数据处理。在数据被输入共享平台之后，它将在不同的人员、部门和模块之间流动，推动财务、业务、管理和决策等工作的展开。在共享服务

_____

① 刘沙沙.大数据时代 C 集团财务共享服务业财融合研究 [D].中国地质大学（北京），2020.

平台的信息系统支持下，数据流的合理性和畅通性是决定工作效率的关键因素。从管理的角度来看，这也是优化工作流程的重点。

三是数据的抽象和应用。通过应用先进的数据分析技术，财务共享服务平台能够实时提供各种会计报表，精确地反映企业的业务状况和经营状态，为管理决策提供多维度的信息支持。此外，平台可以利用客户的历史信息制定有针对性的服务策略，提升服务质量，为企业增加附加值。

（一）数据采集与传输

1.移动终端数据远程采集

移动智能终端，通过连接互联网并搭载多样的操作系统，可以根据用户的需求安装各类应用程序。这类终端不仅包括智能手机和笔记本电脑这样的通用设备，还包括为特定功能设计的专用设备。用户可以根据自己的服务需求，使用这些设备进行数据的采集，如扫描、拍照和录入等。例如，在处理报销流程时，可以通过微信或支付宝内的小程序来获取电子发票，或者开发专用的发票识别软件。对于需要处理大量报销的场景，可以开发专用的高效率移动终端来通过拍照等方式快速采集纸质发票信息。所有这些数据都可以通过无线网络上传到云端，财务人员可以通过使用移动终端轻松完成发票的采集、在线填单及单据的提交等报销相关工作。

使用移动终端进行数据远程采集的策略带来了多方面的优势。

（1）数据采集变得更加便捷和灵活。不管何时何地，执行流程的人员都能通过移动终端与共享服务信息系统交互，并能通过移动网络迅速将数据上传到云服务平台，确保了数据的及时更新和采集的时效性。

（2）随着技术的日趋成熟和普及，各种移动设备的成本逐渐降低，使得此种方式更加经济实惠。

（3）使用移动智能终端增强了数据责任人的责任感。每个操作者处理的数据都会留下清晰的痕迹，可以直接追踪到具体的责任人，这极大增强了数据的可查询性，提高了数据处理的透明度。

2.数据机器人自动输入

数据机器人通过模拟人类的判断和操作过程，实现了对数据的有效收集和整理，并通过集成一系列的认知技术，成功代替了传统的财务人工录入系统。这种技术允许数据机器人在接收到纸质或电子文件后，识别并自动将数据填入系统的指定区域，并对原始文件进行系统归档，极大地提升了数据录入的效率和准确性。

使用数据机器人自动录入数据的策略带来了显著的优势。

（1）这种方法显著提升了办公的性价比。与人工操作相比，机器人能够无休止地工作，不受个人情绪或其他人为因素的影响。对于不同格式的发票和合同，机器人可以通过加载相应的程序模块来进行批量处理，不仅大大提高了工作效率，还降低了人力成本。

（2）数据质量得到了显著提升。机器人根据预设的清晰计算逻辑和标准操作，保证了输出数据的统一性和准确性，便于进一步的数据处理和分析。所有操作过程均自动记录在信息平台上，具备完整的可追溯性，一旦出现问题，可迅速定位和解决。

（3）数据采集的速度和时效性也得到了提升。机器人的工作量和工作时间可以根据实际业务需求进行调整，以满足不同业务环境下的需求，确保数据的及时更新。

3.射频识别技术提取数据信息

射频识别技术（Radio Frequency Identification，RFID）是一种先进的自动识别技术，利用无线电波进行数据读写，实现信息的快速识别和交换。这项技术使公司能够通过无线射频将机器的生产行为转换为可统计的数据，无须直接接触即可完成信息的传递和存储。射频识别的一个显著优势是其高速的信息处理能力。此外，它能连接至数据库系统，允许数据使用者进行远程访问。采用射频识别技术进行数据传输显著降低了人工统计可能导致的错误率，大幅提升了数据的时效性和安全性，为企业数据管理提供了一个高效和可靠的解决方案。

（二）数据预处理

1. 数据预处理的步骤

由于大数据的来源多样、类型复杂且结构繁杂，数据质量的不一致性常常成为一个挑战。高质量的数据是实施数据分析和确保预测及决策准确性的基础，对管理会计师的工作效果有着直接的影响。在数据质量方面，准确性、完整性和一致性构成了评估的三大核心元素。具体而言，高质量的数据应当是完整、有效、准确、相关、一致和及时的，这些特性使得数据成为企业的重要商业资源和资产，为提升企业的核心竞争力及价值创造能力奠定了基础。为了确保数据的高质量，数据预处理成为不可或缺的前置工作，这是数据分析和数据挖掘的必要准备步骤。数据预处理主要涵盖数据清理、数据集成、数据归约和数据变换等环节。

（1）数据清理。此阶段旨在提高数据一致性，通过填充缺失值、平滑数据中的噪声和识别异常值来优化数据。数据清理的方法包括去除重复记录、补全缺失的数据项和消除噪声。这些措施有助于转化原始数据，使其满足质量和应用需求。通过分析数据的来源和存储形式，采用先进的技术手段对数据进行必要的调整，确保数据的准确性和完整性。

（2）数据集成。这一过程主要是将来自不同源和格式的数据进行有效整合。数据集成处理包括选择相关数据、合并数据并解决数据冲突，以减少数据集中的冗余和不一致。这个过程通过整合异构数据源，确保分析结果的准确性和一致性，同时优化了数据的存储和管理。

（3）数据归约。鉴于分析庞大复杂数据集的挑战，数据归约旨在简化数据集，以加快处理速度且不损害分析结果的有效性。归约技术包括维度归约、数量归约和数据压缩。维度归约通过数据编码减少数据集的维度，数量归约通过采用模型简化数据表示，数据压缩通过算法减少数据所需存储空间。

（4）数据变换。在这一阶段，通过变换处理，发现数据的关键特征并减少有效变量的数量。数据变换的目标是将数据转换成更适合分析和挖掘的格式，包括维度变换和找到数据的不变式。这有助于提高后续数据分析和挖掘工作的效率和准确性。

2.数据预处理方案

通过利用光学字符识别技术（Optical Character Recognition，OCR），对扫描得到的图像执行一系列预处理步骤，包括灰度化处理、降噪处理、图像二值化、字符的切割及归一化等。这些处理提升了图像的质量，为后续的文字识别和分类打下了基础。在提取图像特征和进行降维处理后，系统能够对图像中的文字进行有效识别和分类，并对这些分类结果进行优化校正及格式化处理，使从图像中提取的关键字段信息转化为结构化的数据格式。

这些关键数据将被进一步审核和分析，确保无误后，按照预定的标准模板输出，完成从原始图像到信息化文档的转换和初步加工。数据的预处理既可以在数据采集设备上通过内置程序自动完成，也可以在财务共享服务平台上通过云计算方式处理，或者在移动设备与共享平台之间分步进行。数据预处理在数据流中的位置如图 3-1 所示。所有原始的图片和文本等非结构化数据将被储存于平台中，供未来的平台升级使用或进行更深入的数据挖掘。

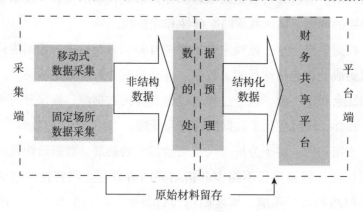

图 3-1　数据预处理在数据流中的位置

OCR 技术在图像识别应用中展现出多项优势。首先，OCR 技术使得数据采集过程智能化，为各种自动化流程提供了强大的支持。通过对图像进行必要的预处理，如将非结构化的图像或 PDF 文件转换为结构化的表格形式，

OCR 技术能够整合原本无法用于统计分析的数据。这些经过转换的数据成为标准化和模块化的资源，便于在后续的数据处理、分析和应用中直接使用。其次，OCR 技术支持高度灵活的数据结构配置。根据特定的业务需求，用户可以自定义数据分类管理、模板配置及输入字段，从而满足企业对个性化数据采集的具体要求。

随着计算机视觉和其他人工智能技术的进步，利用 OCR 技术进行图像识别并采集如发票和合同等纸质文档的信息，可以迅速生成标准化、结构化的数据集。

（三）数据分析

1. 数据分析分类

数据分析可以分为三大类：描述性分析、预测性分析和规范性分析。如表 3-1 所示。

表 3-1　数据分析分类

分析类型	定义与功能	应用示例
描述性分析	主要用于解答关于过去发生事件的问题。依赖描述性统计、关键绩效指标 KPI、仪表盘和数据可视化方法，总结过去的数据和发展趋势，支持成本控制和风险管理	通过比较历史数据的营业收入增长率，评估公司成长性和市场竞争力
预测性分析	利用当前收集的数据来预测未来某一时点或时间段的情况。预测准确性随时间的推近而增强，帮助设定业绩目标和制定采购需求	预测来年的业绩，设定部门和员工的业绩目标
规范性分析	在完成描述性和预测性分析后，解决"如何做得更好"的问题。涉及探索多种解决方案，对每种方案的结果进行分析，并选择最佳方案以优化决策	选择最合适的原材料供应商以降低成本，同时保证产品质量

（1）描述性分析。描述性分析是数据分析中的一个基本形式，主要用于解答关于过去发生事件的问题。这种分析通常依赖于描述性统计、关键绩效指标（KPI）、仪表盘和各种数据可视化方法。其核心功能在于总结过去的数据和发展趋势，以支持成本控制和风险管理的强化。描述性分析提供了对

过去事件的洞察内容，通过制作报告、图表和数据透视表等形式，管理会计师能够全面而有效地把握公司的当前经营和财务状况。例如，通过分析和比较历史数据中的营业收入增长率，管理会计师可以评估公司的成长性，将这些数据与行业标准相对比，还能帮助识别公司在市场中的竞争地位。描述性分析也在顾客满意度、企业运营和员工绩效管理方面发挥着关键作用，为管理会计师在这些领域提供决策支持。

（2）预测性分析。预测性分析利用当前收集的数据来预测未来某一特定时点或时间段的情况，其预测准确性随着时间的推移而增强。管理会计师能够依靠这种分析技术更精确地预测销售量，据此决定生产量和原材料的采购需求。此外，通过预测来年的业绩，管理会计师可以为企业、各部门及员工设定具体的业绩目标，这些目标又将作为年度绩效评估的依据。如果预测的业绩与实际相差较大，管理会计师需要分析这一偏差是因内部控制不足还是预测模型选择不当所导致。

（3）规范性分析。规范性分析致力于解决"如何做得更好"的问题，通常在完成描述性和预测性分析之后进行。该分析方法涉及探索多种可能的解决方案，对每种方案可能带来的结果进行详细分析，并从中选出最佳方案以优化决策过程。这种分析有助于指导实践中的行动选择，以实现更优的业绩表现。在当前企业竞争愈加激烈的市场环境中，企业不断地进行利弊评估以作出最有利的决策至关重要。例如，在产品同质化、竞争激烈的行业中，市场份额的争夺不只取决于产品质量，还涉及成本控制。所以，为了在降低成本的同时保证产品质量，企业需要找到最佳的原材料供应商，这正是规范性分析能够发挥重要作用的领域。

2. 基于财务共享服务的数据分析

（1）构建面向需求的成熟报表体系。在完善的报表体系支持下，共享服务平台能够自动执行包括价值分析、自动预警和趋势预测在内的多种数字化管理任务。具体来说，通过构建全面的分析模型，价值分析能够深入挖掘数据的潜在价值，并探讨与之相关的业务逻辑，实现从单一会计科目数据到多维度大数据的转换。而平台设计的多样化预警模型能够紧贴业务需求，实时跟踪关键数据，及时检测并提示任何数据异常，从而敏感地捕捉潜在的经营风险。此外，趋势预测功能通过利用大数据构建多因素预测模型，揭示数据间的相关性和内在规律，有效把握发展趋势，预测未来变化，进一步提升决策的前瞻性和准确性。

（2）规模化数据的智能化挖掘。在财务共享服务平台上，企业活动和外部接口交互所积累的庞大数据为大数据分析提供了丰厚土壤。借助先进的数据分析模型和人工智能技术，这些数据能够被智能地挖掘，从而转化为对企业极具价值的洞见信息，支持并促进企业的管理决策和数字化创新。首先，基于平台所积累的大规模用户交易和行为数据，企业可以开发个性化服务方案，利用智能算法对用户历史行为进行建模，通过数学模型分析用户的消费倾向和偏好，并结合企业的服务项目计算匹配度。这一过程增强了用户体验，在用户需求模糊或服务选项繁多时，能通过智能推荐系统有效提供个性化服务建议。如在智能客服和智能商业等真实场景中应用这些技术，有助于提升服务质量，满足用户的具体需求。其次，大数据和人工智能的结合能深入参与企业的规划和决策过程。通过算法分析，平台可以将收集到的数据信息转换为实用知识，提高技术水平以供企业决策使用。当前技术允许数据通过添加语义和规则进行智能化处理，自动分析并提出规划与决策建议，这种管理型智能应用程序能够基于固定规则，直接为企业管理提供数据驱动的见解，提高决策的科学性和效率。

二、财务数据智能处理的技术

（一）OCR 技术

1. OCR 技术的内涵及应用优势

OCR 技术是通过电子设备如扫描仪或数字相机来识别图像上的文字，通过分析暗、亮模式以确认文字形状，进而利用字符识别技术将这些图形转换为机器可读的文本。OCR 技术的应用显著提升了效率提升和降低了成本，具体表现在以下几个方面：

（1）OCR 技术创新了文本信息的录入方法。传统上，档案目录数据库的创建依赖于人工录入，这一过程耗时且容易出错。利用 OCR 技术，可以将文本资料自动转录入到计算机系统中，极大地缩短了数据处理时间。工作人员能够直接从经过 OCR 技术处理的文本中提取必要的著录项，如题名、文号、责任者等，并将这些信息复制粘贴到数据库的相应字段中。OCR 技术还能对处理后的文本进行词频统计和内容分析，自动提取关键词和主题词，实现档案内容的自动化标引，提高档案管理的准确性和效率。

（2）OCR 技术使全文检索成为可能。在档案管理领域，由于目录数据库的复杂性，传统检索方法往往效率低下。OCR 技术通过扫描档案并识别其中的关键词，可以实现全文检索。这种方法提高了检索的准确率，极大地增强了信息的查全率。通过全文检索，用户可以快速定位所需信息，有效地挖掘和利用档案中蕴含的丰富资源。

（3）双层 PDF 技术是一种将每一页 PDF 文件分为两层内容的方法：上层为扫描得到的原始图像，下层为 OCR 技术识别后的文本内容。[①] 这种技术在数字图书馆领域已经被广泛应用。例如，中国知网（CNKI）等数据库中检索到的电子文献大多采用这种格式。双层 PDF 技术的运用依托 OCR 技术，不仅能够保证文档的原真性，还允许用户对文档中的文字进行选择、复制和搜索等操作，极大地增强了文档的可用性和互动性。

（4）档案数据的价值在于其作为凭证的能力。OCR 技术在此方面发挥着重要作用，使得原始数据得以在必要时进行精确处理。例如，房产证和医保卡等重要文档上的信息，其真实性是基于档案数据的，利用 OCR 技术，可以确保这些信息的准确无误，还可以在不破坏原始文档的情况下，有效地挖掘档案资料的真实价值。在当前市场环境下，尽管纸质档案仍然占有一席之地，但许多用户已经通过应用 OCR 技术简化了处理流程，节约了时间，在一定程度上扩展了数据信息的实际应用价值，并提升了其效益。

---

① 许呈辰 . 档案数字化过程中 OCR 技术的应用 [J]. 档案管理，2011（1）：39.

2. OCR 技术在财务共享服务中心的应用

OCR 技术通过结合光电技术和识别应用，有效地连接了纸质信息与数字化数据，即使在无网络状态下，也能显著提升财务共享服务中心的操作效率。

（1）纸电整合促进流程通畅。OCR 技术能将纸质文档中的信息转换成电子格式，实现线上线下流程的无缝对接。该技术确保了数据流在审批流程中发挥严密监控与控制的作用，使得纸质和电子记录能够在网络电子表单流程中得到有效整合。通过这种方式，各个阶段的财务数据都能被清晰地记录和展示，提高了流程的透明度和追踪性。

（2）减少对纸质凭证的依赖。在传统的财务操作中，纸质凭证的处理往往会造成审批环节的延迟，特别是在原始凭证未及时返回企业时，人工操作审核环节的缺失会严重拖延整个财务流程，影响效率。利用 OCR 技术，原始的纸质文件可以被快速扫描并转化为电子表单，这一转换过程大幅度缩短了文件处理时间，允许操作人员迅速进行文件匹配和数据核对。完成这些步骤后，相关文件和数据可以统一上传到服务中心，该中心利用这些电子数据和文档影像来执行各种付款操作，进一步提高资金流转效率，并减少对纸质凭证的依赖。

3. OCR 技术的应用流程

（1）前端业务处理流程。在前端业务处理的阶段，财务操作经办人首先负责收集和整理表单数据。当流程开始时，经办人需打印并整理纸质单据，然后将其提交给现场管理人员审批。审批通过后，相关的附件被添加，整个纸质文件包随后被置于指定的投递站点。专员定期从这些站点收集纸质文件，将其批量扫描转换为电子表单和文件，确保数据的数字化存储。扫描后的文件按照共享服务中心的管理规范，进入电子数据审批过程。完成这一系列动作后，文件被传输至服务中心进行后续的业务处理。

（2）共享中心审批处理流程。一旦服务中心接收到完整的电子表单，财务人员将根据现有的审批流程进行处理。在这个阶段，电子凭证被生成，其内容与共享中心的标准格式和模式保持一致，这一点确保了共享业务的顺利完成。这加快了内部流程的处理速度，也促进了与其他企业间的信息沟通。

（3）纸质附件归档处理流程。在纸质附件归档处理的阶段，按照服务中心的管理原则，专业人员在每个业务结算季度结束时，将所有纸质附件进行打包并邮寄至服务中心。在服务中心，通过扫描打包文件内的条码，提取附加的所有电子信息，随后生成电子信息凭证。操作人员将此凭证打印并粘贴于原始附件上，然后根据企业的业务分类规定，将文件归档，进而完整地实施财务共享服务下的新型技术改革流程。

（二）会计引擎：业财语言翻译器

1. 会计引擎的内涵

会计引擎作为一种位于业务系统和核算系统之间的工具，通过标准的数据接口接收业务系统的数据，并根据预设的凭证规则生成会计凭证。这一工具的作用可以比喻为在业务系统和总账系统间架设的调制解调器，它连接两个系统并将业务数据转换为财务数据，最终生成会计凭证。利用会计引擎，可以保证业务与财务数据的无缝对接，它允许两套系统保持各自的独立性，并继续在各自的专业化领域内发展。

图3-2是一个简单的会计引擎基本原理，其涉及设计一个全面的多维度字段映射引擎以及制作一种通用的单据作为数据载体。当这种通用单据输入会计引擎时，系统自动从后端调用预设的映射规则，这些规则负责将单据的核心数据与适用于各种业务场景的记账分录、字段信息及科目映射相匹配。这个过程使得业务系统在生成财务凭证的同时极大地减少了因财务核算需求而必须输出的数据量。所有这些映射信息和规则逻辑都可以在前端进行标准化配置，并能根据业务场景的新增或核算规则的变更进行相应的调整。

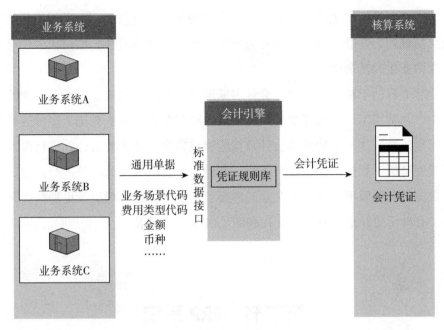

图 3-2 会计引擎基本原理

2. 会计引擎的优势

（1）有利于业务流程的专业化。会计引擎的设计旨在将业务事件与账务核算有效分离，使得核心业务模块和其他相关的交易系统能专注于其业务处理流程的设计、功能开发、交易效率、风险管理及数据整理等核心任务。这种分离确保业务流程在不受会计处理时效性的影响下，能够更加专业化地发展。会计引擎的应用在提高业务操作的灵活性和适应性的同时，还增强了系统对复杂交易的处理能力，确保了业务的准确性和合规性。

（2）有着对产品创新和会计准则变化的灵活响应能力。在企业频繁更新产品的背景下，业务交易形式可能日益复杂，会计核算的场景却相对固定。借助会计引擎，新产品的开发仅需在产品工厂信息中进行更新或做出细微调整，便可利用已有的产品工厂与核心引擎的对应关系，进一步自动化地生成相应的新账务条目。这一处理方式使得产品创新的进程不再受制于后台会计账务调整的时间框架，大大加快了产品上市的速度。当会计核算的规则（如会计准则）发生变更时，只需对会计引擎的逻辑进行修改，而无须调整前端的交易规则，这既保障了前端业务操作的连续性和稳定性，也简化了应对会计规则变化的复杂性。

（3）有助于精细化管理。会计引擎通过与新部署的核心业务系统中的产品工厂和费用工厂之间建立科学且明确的对应关系，有效登记了多维度的业务管理信息。这种结构使得会计数据能够被转换为业务数据，并进行深入的多维度分析，如按产品、业务条线、部门、分支机构及风险等进行。这提高了数据的利用效率，增强了企业的内部管理能力，使管理决策更加精确和及时，有助于更好地应对市场变化和满足内部控制需求。

第二节　ERP 系统

一、企业资源计划（ERP）系统的演进

（一）ERP 系统产生的根源

1. 人类社会的基本矛盾——所有管理方法产生的根源

人类和社会的发展的根本问题在于生存和进步。为了持续生存和发展，人们必须不断满足自身对物质产品和劳务的需求。这些需求具有显著的无限性，即永远不会被完全满足。这实际上是驱使人类不断追求与探索、从而推动社会向前发展的根本动力。

物质资源的稀缺性与人类需求的无限性之间的对立构成了人类社会面临的一个永恒的矛盾。这一矛盾影响了人类活动的方方面面，而且促使人们进行各种尝试与努力，以求解决之道。从经济学的角度来看，资源的有限性与需求的无限扩张之间的张力是促使人类寻找更高效使用资源的不竭动力。为

了解决这一根本矛盾，提高生产效率成为必由之路，这包括两个主要方面：一是技术层面，通过采纳和发展新的科学技术来提高生产过程的效率；二是管理层面，通过更加科学的管理方法来优化生产组织。这两个方面常被喻为驱动社会走向更高文明阶段的两个轮子，不断推动着人类社会的发展与进步。

2. 制造业企业管理的起点——库存管理

企业本质上是为了生产商品或提供服务而设立的组织，其中对生产效率的提升主要通过企业管理来实现。企业管理的核心在于对四种关键资源流的调控：物料、资金、信息及工作流。在制造业中，物料流是核心的资源流，涉及从原材料采购、加工到成品销售的全过程，因此，有效管理物料流通是提升生产经营效率的关键。

在物料管理中，原材料库存的管理是制造业中常见且棘手的问题。原材料短缺可能导致生产中断，造成机器和劳动力资源的闲置，影响产品的及时交付，进而给企业带来可观的经济损失。为避免这种情况，企业可能会采取保持较大库存量的策略，但这同样带来了资金占用、仓储成本高及潜在的过剩存货等问题，尤其是在企业需要转产时，一些原材料可能变成无法使用的死库存。对此，企业迫切需要一种既能避免原材料短缺又不至于引起积压的科学的库存管理方法，这一需求推动了企业资源计划（ERP）系统的产生与发展。ERP系统通过整合企业内部资源信息，优化库存管理，平衡生产需求与库存供给，从而解决了这一长期困扰制造业的关键问题。

（二）ERP 系统的演进

库存管理的经典方法可以视为ERP系统发展的起点。初期的库存管理技术水平虽然相对较低，存在不少缺陷，但它们已经植入了ERP系统日后优化企业资源配置与提升生产效率的基本理念。ERP系统的进化历程大体可以划分为五个主要阶段，从20世纪40年代的订货点法开始，经过20世纪60年代的时段式MRP、20世纪70年代的闭环式MRP，发展到20世纪80

年代的 MRPII，最终在 20 世纪 90 年代形成了现代的 ERP 系统。[①] 每个阶段的发展都是为了克服上一阶段存在的问题，并在此基础上进行改进和扩展，逐步形成了更为完善的企业资源规划系统。

1. 订货点法

科学的库存管理方法的核心目标是避免存货不足与积压。在计算机技术普及之前，为了防止出现库存不足的问题，采用了基于历史经验预测未来需求的订货点法。此方法主要基于"库存补充"的原则，确保库存中始终保持必要的物品数量，以应对即时需求。具体做法是，当库存降至预设的临界值，即"订货点"时，触发采购订单以补充库存。订货点的确定是通过预测特定周期内的需求量，加上安全库存来实现的，以防在补货期间需求出现异常增长导致缺货。这种做法的目的在于通过精确计算来保证库存的稳定，以解决因需求估算不准确或供货延迟引发的问题。

订货点的计算公式是：

订货点 =（单位时间内的需求量 × 订货提前期）+ 安全库存量

其中，单位时间内的需求量是指在给定时间内的物料消耗总量，订货提前期是指从下订单到物料到达仓库的时间间隔。

例如，假设某种物料每周需求量为 1000 件，订货提前期为 5 周，同时设有为了应对需求波动的 2 周安全库存，则该物料的订货点计算公式为：

订货点 = 1000 × 5 + 2000 = 7000 件

这意味着，一旦该物料的现有库存加上已下订单的数量低于 7000 件，就需立即下单补货，确保满足未来的需求。订货点法下库存数量如图 3-3 所示。

---

① 薛祖云. 会计信息系统（基于业财融合的 ERP 系统环境）[M]. 厦门：厦门大学出版社，2018：43.

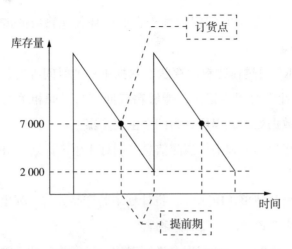

图 3-3 订货点法下库存数量

2. 时段式 MRP

为克服订货点法未能涵盖物料间配套关系的问题，时段式 MRP 引入了物料清单（Bill Of Material，BOM）来整合并匹配各种物料需求。这种方法通过明确产品组成中物料的结构关系，确保了生产某产品所需的各种物料之间的协调配合。以某自行车装配厂为例，可以采用下面形式来表示 BOM。具体如图 3-4 所示。

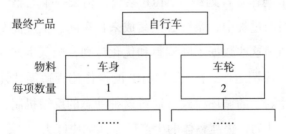

图 3-4 某自行车装配厂的物料清单（BOM）

在时段式 MRP 中，物料需求被分为独立需求项与非独立需求项。独立需求项指的是那些需求量不受企业内其他物料影响的项目，如最终产品、特定的维修件、可选件及工厂自用件等。这些项目的需求量及时间往往由外部因素（如客户订单或销售预测）决定。相对地，非独立需求项，如原材料和零部件，其需求量和时间则依赖于企业内部其他物料的需求，需要通过 MRP 系统来确定。

时段式 MRP 通过在物料库存状态数据中添加时间维度，即将库存数据按具体日期或计划时间段记录，能够精确回答与时间相关的库存和需求问题。该系统的数据处理流程可分为四个主要步骤：

（1）基于客户订单和销售预测信息，制订主生产计划（MPS），明确"将要生产的产品"。

（2）利用物料清单（BOM），将计划中的产品分解，列出所需物料的毛需求，确定"生产该产品需要哪些物料"。

（3）通过将毛需求与现有库存进行对比，确定物料的净需求，明确"还需要补充哪些物料"。

（4）基于物料的净需求，考虑经济订货批量和提前期等因素，制订具体的物料采购计划和生产计划，确保需求与供应的时间和数量匹配。

3. 闭环式 MRP

为了克服时段式 MRP 的局限，20 世纪 70 年代，人们引入了闭环式 MRP 系统。闭环式 MRP 具有两个核心特点：第一，它将生产能力计划、车间作业计划和采购作业计划纳入 MRP 系统，构成一个完整的闭环系统；第二，在执行计划的过程中，系统必须集成来自车间、供应商及计划人员的实时反馈信息，利用这些数据不断调整和优化计划，确保生产计划的各个环节能够有效对接并协调运作。闭环式 MRP 的操作流程遵循"计划—实施—评价—反馈—再计划"的循环模式。通过这种动态的反馈机制，系统能够实时更新并优化生产计划，提高整体的生产效率和响应能力。

闭环式 MRP 的处理流程如图 3-5 所示。

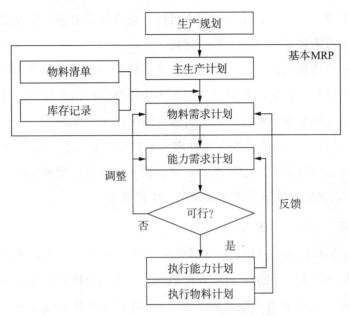

图 3-5　闭环式 MRP 的主要处理流程

闭环式 MRP 系统通过一系列细致的步骤实现生产规划和调度的精确性。

（1）企业根据已签订的订货合同和潜在的订单及销售预测数据来制订一个全面的生产规划。其中包括确定所需生产产品的品种和数量等关键生产指标。

（2）这些广泛的生产规划被进一步细化并进行时间安排，形成主生产计划。不同于只规定年、季或月的产量指标，主生产计划将这些指标进一步分解至具体的时间段。

（3）通过对照物料清单（BOM）和现有的库存记录，主生产计划被拆分成具体的物料需求计划，详细列出了不同层次上的物料需求量和所需时间。

（4）在下达生产指令前，必须通过能力需求计划来评估企业的生产能力和需求负荷是否平衡。通常情况下，生产能力是有限的，因此物料需求计划必须受能力需求计划的制约。若能力需求计划显示当前计划不可行，且调整后问题依旧无法解决，这些信息就需要反馈至物料需求计划进行必要的调整。如果调整后的物料需求计划仍不可行，就可能需要进一步反馈至主生产计划，甚至可能需要调整整个生产规划。

（5）一旦物料需求计划和能力需求计划协调一致且被判定为可行，便可执行这两项计划。在实际执行过程中，还应持续进行信息反馈，动态地反映计划执行的实际情况，确保计划的实施与预期目标一致。

显然，闭环式 MRP 系统需要处理大量的数据和信息，这些计划间的协调、平衡以及信息的跟踪和反馈，必须依赖于计算机系统来实现，以确保闭环式 MRP 系统的有效运行和达成预期的生产效率。

4. 制造资源计划 MRPII

MRPII 是从闭环式 MRP 系统演化而来的，在生产管理领域，两者本质上具有相似的结构。但是，MRPII 除继承了闭环式 MRP 的功能外，还具备了财务管理和模拟能力，使其在本质上与 MRP 有了显著的差异。MRPII 通过整合物料流和资金流，能够将生产系统中的物料流动与伴随的资金流动同步，实时转化物理存量为财务价值，确保生产数据与财务数据的一致性。

财务部门通过接入即时的资金流信息，能有效控制成本，并以资金流动的情况作为反映物料和经营状态的依据，随时分析企业的经济效益。这些信息的及时获取有助于企业作出决策，还能指导和调控企业的日常经营活动。MRPII 系统通过这种物流与资金流的高度集成，允许企业对其有限的制造资源（如人力、财力、物资和时间等）进行精确的规划和合理配置，从而显著提升企业的竞争力。因此，MRPII 也被称为制造资源计划系统，它的实施对提高企业整体效率和市场表现至关重要。MRPII 的基本原理如图 3-6 所示。

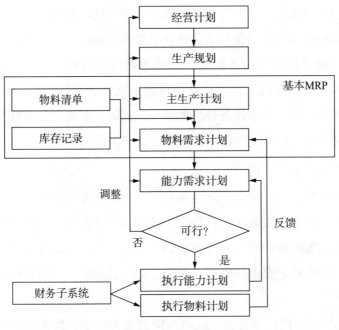

图 3-6　MRPII 基本原理

MRPII 系统由多个互联的子系统构成，包括预测、订单管理、销售管理、工程技术与生产数据控制、主生产计划、库存控制、采购管理、能力需求、车间作业管理及成本计划与控制等。这些子系统虽然各自具有独立性，但它们之间却相互依赖、紧密协作，按照既定的顺序相继执行，共同构成了一个整体性极强的 MRPII 系统，确保了生产和管理活动的高效协同。

MRPII 系统展示了多个显著的特性，凸显其作为全企业一体化系统的能力，其中生产与财务子系统的整合尤为紧密。该系统中的所有数据被集中存储在企业的中央数据库中，各个子系统在这一统一的数据环境中运行，解决了信息孤岛的问题。

MRPII 系统支持决策制定。引入模拟功能后，MRPII 能够模拟多种决策方案，并预测未来可能的结果，进而辅助管理层评估不同方案的效果，增强决策的准确性。

MRPII 的管理模式突出全面计划管理的系统性、动态应变能力及模拟预见性。作为一个计划主导型的管理系统，MRPII 通过详尽的计划来优化企业的各类制造资源配置，以实现企业效益的最大化。这些计划覆盖从宏观到微观，从战略到战术，确保与企业经营战略的一致性，展现出其一贯性和可执行性。不同于传统的由各职能管理简单叠加的离散型管理，MRPII 通过统一控制和协调各部门工作，提升管理的系统化水平。作为一个闭环系统，MRPII 能够迅速应对企业内外环境的变化，同时，其模拟预见性功能支持用户在多个可行方案中进行优选，最终作出最佳决策。

5. ERP 系统产生的背景

随着 20 世纪 90 年代全球化竞争的加剧、市场需求的快速变化以及信息技术的发展，企业面临着必须进行自我调整和创新的挑战，这种创新主要体现在最大化内部资源的利用和外部资源（如客户、供应商及分销商等）的整合上。只有有效地融合内外资源，企业才能在激烈的市场竞争中保持生存并提高效益。

20 世纪 90 年代标志着企业战略方向的重大转变，即实施以客户为中心的经营战略。这一战略要求企业在组织结构、管理模式、生产动力、业务流程及生产目标等多方面进行根本性的改变。在客户中心战略下，产品设计需根据客户需求进行个性化配置，业务和生产流程必须根据客户需求灵活调整，以消除非增值活动，企业组织结构也需保持灵活性和动态可变性。显然，这些需求的变化超出了传统 MRPII 系统的处理范围，迫切需要转向更为全面的 ERP 系统，以对整个供需链进行有效管理。

信息技术的发展，如面向对象技术、计算机辅助软件工程技术及开放的客户机/服务器网络环境，为 MRPII 向 ERP 的演进提供了必要的技术支持，且在 20 世纪 90 年代后期，众多先进的管理理念（如价值链管理、全面质量管理、适时制生产、敏捷制造、供需链管理及顾客关系管理等）为 ERP 系统的理论基础和实际应用提供了丰富的内容，这些因素共同促成了 ERP 系统的诞生和发展。

二、ERP 的内涵

ERP 系统远超一个单纯的软件系统，它融合了组织模型、企业规范、信息技术及实施方法，形成了一个全面的综合管理应用体系。该系统的管理核心已从"及时生产及销售正确产品"转变为"在最理想的时间和地点实现企业的最大化利润"，其应用领域也从传统的制造业拓展至其他多种行业。随着技术的进步，ERP 已经从一个基于动态监控的系统演化为集成商务智能的平台，使原先的简单事务处理系统转变为具备高度智能化管理和控制能力的系统。现代 ERP 软件结构必须支持互联网环境，能够跨平台、跨组织地运作，同时与电子商务应用保持广泛的数据和业务逻辑的连接。

ERP 系统是信息时代企业生存和发展的关键，它通过集成先进的管理理念和信息技术来优化资源配置和最大化社会财富的创造。从不同的视角分析，ERP 可以被理解为管理思想、软件产品和管理系统三个基本方面。首先，作为一种管理思想，ERP 继承并发展了基于 MRPII 的管理理念，扩展至整个供需链，代表了一系列的先进管理实践。其次，ERP 是一款软件产品，它融合了现代信息技术的最新成就，以 ERP 的管理理念为核心，实现了企业管理的信息化和自动化。最后，ERP 是一个全面的管理系统，整合了企业的管理哲学、业务流程、基础数据和人力资源，以及财务与计算机的硬件和软件资源，形成了一个统一的企业资源管理系统。

综合以上各点，ERP 可定义为利用现代信息技术实现的，以系统化计划管理为核心，面向整个供需链，旨在合理配置企业内外所有资源的一种综合管理应用体系。

三、ERP 所蕴含的管理思想

ERP 所蕴含的管理思想主要包括三点，如表 3-2 所示。

表 3-2　ERP 所蕴含的管理思想

类别	描述	关键要素或功能
系统化计划管理	ERP 系统通过全面的计划管理优化企业内外部资源配置，解决供需链潜在的无序与冲突	主生产计划、物料需求计划、能力需求计划、采购计划、销售执行计划与利润计划、财务预算、人力资源计划等

类别	描述	关键要素或功能
供需链管理	通过整合企业与商业伙伴资源，形成紧密连接的供需链，增值链概念下的物料与资金流动，消除非增值环节，降低成本与库存	分销、制造、库存控制、信息流、物流、资金流等
信息集成	ERP 系统集成企业的设计、采购、生产、财务与营销等环节，实现信息与资源的共享，从而优化整体业务流程并支持决策	信息共享、资源共享、经营决策支持、全企业信息集成

（一）系统化计划管理

ERP 的核心目标是通过系统化和全面的计划管理，优化企业内外部资源的配置，以解决供需链中的潜在无序和冲突，确保供需链的高效运作。ERP 中的计划体系广泛，涵盖主生产计划、物料需求计划、能力需求计划、采购计划、销售执行计划、利润计划、财务预算及人力资源计划等。这些计划相互关联，且与价值控制功能完美整合，形成了一个统一的供需链管理系统。ERP 通过事务处理时的动态会计跟踪，实现了资金流与物流的同步记录，能够保持数据的一致性，并对资金流进行实时追踪，在一定程度上提升了整个供需链的透明度和效率。

（二）供需链管理

在当今时代，企业的竞争已不再局限于单个企业，而扩展至整个供需链。企业为了获得市场优势，必须将自身资源与供应商、制造厂、分销网络及客户等业务相关方进行整合，形成一个紧密连接的供需链。供需链本质上融合了物流、资金流和信息流，其中信息流主要映射了物料与资金的流动路径。在供需链中，物料的流动不仅是转移，更是一个增值过程，因此供需链也被称为增值链。

供需链管理的核心在于通过消除非增值环节来减少浪费，实现企业与供需链中其他企业的协同工作与管理，这种协作关系致力于共同提供高质量的产品和服务，并降低成本和减少库存。供需链管理不单单聚焦于企业的某个单一元素，而是整合了分销、制造、库存控制等多个方面，从宏观角度优化整个企业的运营。需要注意，供需链管理的应用不局限于企业内部，其管理范围扩展到了包括紧密关联的商业伙伴在内的企业外部，这一管理策略的目标是在满足服务水平的同时，最小化系统成本，有效组织供应商、制造商、仓库及商店，确保商品按正确的数量在适当的时间被送达正确的地点。ERP系统的设计正是为了满足这种基于供需链的市场竞争需求，它实现了对企业整个供需链的全面管理，加强了企业在市场中的竞争力。

（三）信息集成

自 20 世纪 50 年代中期以来，计算机开始被广泛应用于商业领域，许多企业纷纷开发了包括电算化会计核算、人事工资管理、库存管理、档案管理等在内的各种计算机辅助管理系统。这些系统虽然极大提升了各部门的工作效率，但缺乏统一的整体规划，它们能提升单个部门的效率，对企业整体效益的提升作用却不大。不同系统间存在信息孤岛，由此更能看出信息集成和业务流程优化对于提升企业的整体效益的重要性。ERP 系统就是在这样的背景下应运而生的。它通过集成企业的设计、采购、生产、财务和营销等环节，实现了信息和资源的共享，有效支持了企业的经营决策，并实现了整个供需链的信息集成。信息集成是企业管理信息化的关键目标之一，涵盖信息或知识的有效储存、传递、管理和应用。MRP 到 ERP 的演变正是信息集成应用范围逐渐扩大的过程，标志着企业信息化管理向更高水平的跃进。

四、业财融合 ERP 系统的会计流程再造

（一）建立新的财务会计理念

在重组财务会计流程的初期，首要任务是改革思维方式，建立一套新的会计理念。此理念应涵盖以下几个关键：

1. 以客户为中心

财务会计的核心产出是报表等形式的信息，而这些信息的使用者包括企业的管理层、普通员工和其他利益相关者。因此，调整会计流程的目的是更好地满足这些用户的需求，确保信息的及时性和适用性。

2. 强调团队协作

在流程导向型的组织结构中，会计人员不再单独作业，而是作为团队的一部分，共同负责流程的成果。这种变化不仅影响绩效评估，还意味着每个团队成员都需要培养团队合作精神，学会与他人协作，以实现团队的整体目标。

3. 注重价值创造

传统上，会计被视为重复性高、创造性低的职能，主要限于资金管理和账务处理。但是，在 ERP 系统支持下，会计的角色已经转变，不只是处理财务，更是优化企业资源配置的关键。所以，会计人员需要从被动接受任务转变为主动寻求机会，通过与其他部门的协同合作，推动企业价值的增长。

4. 着眼未来

传统的财务报告主要是反映企业过去的经营状况，侧重于回顾过去。然而，当前的信息使用者更倾向于获取能够指导未来决策的信息。因此，财务会计流程需要从回顾过去的模式，转变为建立一个以未来预期为核心的系统，为企业提供有关未来走向的有用信息。

5. 实现全面集成

早期的企业信息化常常缺乏统一的规划，导致内部形成多个信息孤岛，彼此缺乏有效的联动。在财务会计流程的重组过程中，应当以企业整体的网络系统为基础，推动各流程之间的集成与信息共享，以便更好地整合企业资源，提升经济效益。

（二）财务会计流程重组

1. 传统财务会计流程与 ERP 环境下的财务会计流程的比较

传统财务会计流程与 ERP 环境下的财务会计流程存在一定的差异，如图 3-7 所示。

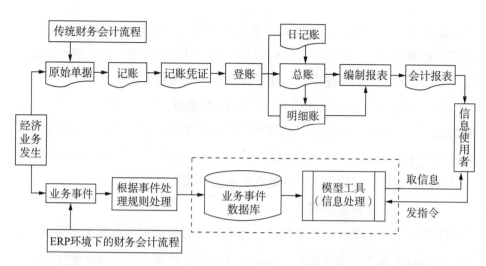

图 3-7　传统财务会计流程与 ERP 环境下的财务会计流程的差异

（1）数据管理的优化。

①数据采集方式的改变。在传统的财务会计流程中，数据采集通常分部门进行，针对特定需求执行。这种方式容易导致数据的冗余和不一致，因为同一业务活动的相关数据可能被不同部门重复采集和存储。相比之下，ERP提供了一种更集中的数据采集方式，即业务发生地点的一次性采集，包括财务和非财务相关信息。这些数据随后被存储在数据服务器上，以便共享。

②数据采集范围的扩大。在传统流程中，数据采集往往局限于对财务报表有直接影响的会计事项。而 ERP 系统不局限于财务信息，它扩大了数据采集的范围，包括所有相关的非财务信息，使得采集的数据几乎覆盖全部业务活动。

③数据时效性的提升。在传统方法中，数据更新通常存在滞后性，不支持实时信息处理。而在 ERP 环境下，财务会计流程的数据采集速度快，而且支持实时处理，便于存储和传输，极大地提高了数据的时效性和准确性。

（2）会计凭证处理的自动化。

①自动生成会计凭证。在传统流程中，经济业务发生后，相关人员需手动记录并将原始凭证交给会计部门，由会计人员进行凭证的填制和账簿的登

记。这一过程不仅耗时，还可能产生人为错误。ERP 系统改变了这一流程，能够在业务部门的经济业务发生时自动生成会计凭证，并自动传递至总账模块中，加快了账务处理速度，增强了数据的一致性和准确性。

②人工处理与自动化的结合。尽管 ERP 系统提供了会计凭证的自动生成功能，但在某些业务活动（如款项的收付等）中，其相关的会计凭证仍需会计人员手动填制。这种结合利用了 ERP 系统的自动化优势，就保留了人工处理的灵活性，又确保了财务处理的全面性和准确性。

（3）成本核算体系不同。

①传统方法中的实际成本核算。传统财务会计流程主要基于实际成本核算。在这种体系下，成本核算工作复杂且耗时，核算人员需要详细计算各种成本差异（如材料成本差异额和差异率）、产品的完工程度及多种分配率。这种方法虽然能准确反映成本状态，但在操作上较难快速响应市场变化。

②ERP 环境下的标准成本核算。与之对照，ERP 环境下的财务会计流程采用标准成本核算方法。首先，依据产品所需物料的构成制定物料清单。其次，对每种物料设定标准价格，以此为基础对半成品进行成本核算，生产完毕的半成品按标准成本计入库存。再次，通过成本"收集器"系统，将实际消耗的原料和辅料成本以及预定的制造费用归集于完工产品。最后，会计人员在每月末调整定额费用至实际费用，并计算产品的实际成本。ERP 系统还能自动处理日常销售的产品收入与成本核算，并在每月末将标准成本与实际成本的差异进行适当分配，以实现存货与销货成本管理的优化。

（4）会计信息输出形式不同。在传统的财务会计系统中，输出的信息格式较为固定，而 ERP 环境提供了一种更为灵活的会计信息输出方式。ERP 系统以原始且未加工的形式储存大量的业务数据，将数据的分类、汇总及余额计算等过程集成到查询和输出阶段。这种方法简化了数据处理流程，只需确保数据及时、完整且准确地记录在适当的文件中。用户可以根据自己的信息需求，灵活地组合参数，获得精确的数据报告。

2. 财务会计业务流程重组的目标

（1）集成化的信息收集。ERP 系统通过集成管理和信息技术，重新定义了数据的采集和管理方法。利用局域网（LAN）和广泛的互联网连接，ERP 将企业的各个管理子系统与外部的客户及供应商信息系统相连。这种连接一方面依靠电子邮件和电子数据交换（EDI）功能实现，另一方面通过各种文件传输技术来接收和记录业务事件信息。这些信息随后被存储在一个可供所有授权用户访问的共享数据库中。当需要信息处理时，可以直接从数据库调用数据，进行必要的加工。这种集成化的收集方式显著减轻了会计人员的工作负担，提高了数据的准确性、一致性、完整性和及时性，确保了信息处理的高效和可靠。

（2）业务事件驱动的信息处理。在 ERP 环境中，信息处理是由具体的业务事件驱动的，各个业务部门在业务活动发生时，将相关数据即时输入专门的业务事件数据库中。这些数据通常是经过初步处理的原始数据，当用户需要查询信息时，他们只需输入特定的信息处理代码，ERP 系统随即启动相应的信息处理程序。这一程序负责对数据库中的数据进行进一步加工，确保处理结果能实时反馈给用户。此外，ERP 通过将信息系统集成，实现了数据收集的分散化与数据处理及存储的集中化，促进了财务与业务流程的有效协同。[①] 在整个过程中，业务部门可以实时收集并生成必要的会计信息，且财务模块能通过执行各种处理和控制规则，对业务的经济性和合理性进行即时监控。这样的系统配置赋予了财务模块强大的事中控制能力，提高了整个企业运营的效率和透明度。

（3）实时报告的信息使用者自助式信息获取方式。ERP 系统中包含的模型工具如加工模型库和报告生成器，为用户提供了一系列可选的会计处理程序。用户可以根据自己的需求选择合适的处理程序。报告生成器则根据用户的选择，调用模型库中的程序处理业务事件数据库中的数据，生成所需的信

---

① 王大春 .ERP 环境下企业会计业务流程重组研究 [D]. 哈尔滨：哈尔滨工业大学，2007.

息报告并通过网络直接传送给用户。ERP 系统设计上的通用性允许在实施阶段根据不同行业的特点和管理需求进行个性化配置。然而，标准的加工模型库可能无法满足所有用户的需求。在这种情况下，用户可以利用 ERP 系统提供的模型工具自行设计特定格式的事件驱动模型，以满足其独特的企业管理需求。ERP 系统还提供了面向企业内外部用户的模型化查询工具，这些工具界面友好，支持自定义，使得信息用户能够自行设置模型参数。通过这些工具，用户可以从业务事件数据库或财务信息数据库中调用所需数据，生成实时的报告信息，从而更好地支持决策过程。自助和实时的信息获取方式确保了信息使用者可以根据自己的具体需求，迅速且准确地获取必要的信息，极大提升了信息系统的适用性和效率。

3. 重组后的财务会计业务流程

ERP 环境下重组后的财务会计流程如图 3-8 所示。

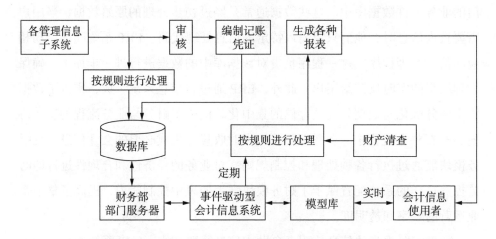

图 3-8　ERP 环境下重组后的财务会计流程

在重组后的会计流程中，流程的执行涵盖以下关键步骤：

（1）业务事件一旦发生，相关的管理信息子系统便会记录这些事件的数据，并将其安全存储在一个集中的全局数据库中。

（2）为了确保经营管理的责任得到履行，相关的货币计量信息会经过严格审核，随后编制成记账凭证并存档于数据库。

（3）业务事件数据会根据既定规则进行编码，并被妥善保存在业务事件数据库中。

（4）当信息用户需要查询特定信息时，他们可以通过浏览器直接向事件驱动型会计信息系统发送请求。

（5）系统从事件数据库中检索必要的业务实现数据，并利用加工模型库中的会计模型进行数据处理。

（6）定期生成各种账簿和通用报表，以供财产清查和会计信息用户使用，确保了信息的实时更新和准确性。

（三）会计组织结构变革

在会计流程再造后，会计组织结构应随之进行相应的调整，以更好地适应新的工作模式。首先，围绕核心业务流程建立专门的会计流程小组，这些小组直接支持业务流程的具体要求，确保会计任务与业务活动的紧密结合。所有这些会计流程小组均被纳入统一的会计服务中心，该中心负责协调人力资源、提供培训指导和咨询服务，以提高会计流程的效率，增强其效果。

新的会计组织结构如图3-9所示。在新结构中，最重要的变化之一是会计信息系统的数据采集工作已经转由各业务部门负责。业务部门需要设立专门的数据处理部门，这些部门下设数据录入员、数据审核记账员和数据文档管理员，负责业务数据的录入、审核记账及存档等工作。这样的调整旨在提高数据处理的专业性和准确性。会计部门的结构也需要进行简化和优化，只保留系统部和财务小组两个核心组成部分。系统部承担财务会计信息系统的运维和数据库管理职责，确保系统的高效运行。财务流程小组不用设立固定的职能岗位，其主要职责是综合运用各种信息资源，进行财务管理和监督，并根据需要对业务流程进行改进和提供建议，从而更好地支持企业的整体运营。

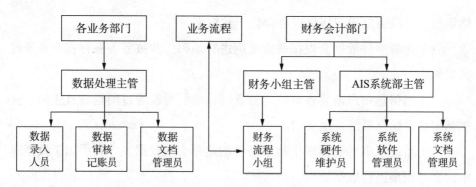

图 3-9　新会计组织结构

五、业财融合 ERP 系统环境下的会计分析

在 ERP 系统实施后，会计流程经历了彻底的重构，导致业务与财务的一体化，这标志着会计环境的根本变革。在这种环境下，传统的会计实务，包括"凭证、账簿、报表"的标准流程，已经完全融入 ERP 的业务流程中，使得会计信息系统的界限变得越来越模糊。随着业财融合和财务共享服务中心在集团企业中的广泛应用，会计部门的角色也逐渐转变为主要的数据处理中心。这种转变使得会计实务在不同行业中展现出全新的业态，呈现出与传统会计截然不同的新面貌。

（一）制造业

在国民经济结构中，实体经济是基石，制造业则是实体经济的核心部分。在所有行业中，制造业的运营流程尤为复杂，这也是为什么多数会计教科书在解释会计流程时，通常会以制造业为典型。制造业不仅涉及投入和产出的基本经济活动，还包括商品或服务的生产过程，这一层额外的复杂性是其他行业所不具备的。传统制造业业务循环如图 3-10 所示。

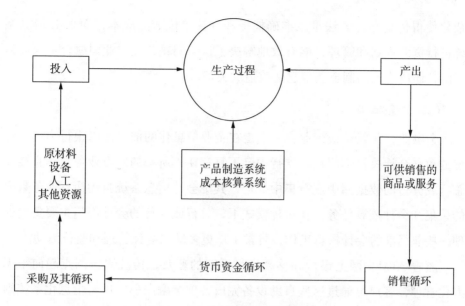

图 3-10　传统制造业业务循环

随着企业运营需求的不断发展，为了应对物料和生产管理的挑战，先后出现了 MRP（物料需求计划）、MRPII（制造资源计划）系统，ERP 系统的出现则是为了整合制造业各业务环节，并将供应链管理纳入系统之中，形成了一个综合性的企业运营管理闭环系统。在 ERP 系统支持下，制造业的 ERP 系统覆盖了从物料管理、采购、设备管理、人力资源、销售到生产及财务管理等多个业务单元，这些单元在保持独立操作的同时，也实现了数据的相互联系和共享。这样的系统设计优化了资源配置，提高了使用效率，而且通过大数据管理系统的实施，形成了一个高效运作的闭环。通过这种方式，制造业能够在快速变化的市场环境中保持竞争力。

会计信息系统在 ERP 环境下的变革尤为显著。在此环境中，会计信息系统不再是孤立的数据处理平台，而是成了一个能够自动捕捉各业务单元数据，并根据设定的会计政策将业务数据自动转换为会计凭证的价值信息系统。这种自动化的数据转换显著提高了会计工作的效率和数据处理的准确性。随着制造业在生产中广泛应用自动化流水线，产品结构和生产流程的复杂化使得传统会计方法难以准确捕捉和计算单位产品成本，而采用 ERP 系统进行资源规划和管理，能有效地解决了这一问题，使得业财融合不仅成为可能，还成为推动制造业信息化改造的关键。

（二）金融业

金融业，尤其是银行业，一直走在企业信息化的前沿。以银行为例，传统的独立会计核算部门在各支行中已不复存在，所有的网点业务数据直接在总行或分行的数据库中进行集中处理，其中会计信息系统自动执行业务数据的采集和会计核算任务。在这种模式下，总行或分行的会计部门主要负责处理一些非标准的会计核算工作，日常工作更多转向会计管理和监督活动。

随着 ATM、网上银行和移动支付系统的普及，传统银行网点趋向于无人化管理，客户可通过这些自助设备完成各项金融服务，后台信息化系统则自动进行数据采集和会计处理。这种技术的应用极大地提高了数据处理的效率和准确性，改变了会计人员的工作模式。

一个合规的会计凭证需要经过独立的第三方审核。在银行的总行或分行设有实时业务审核部门，该部门全天候监控各网点、ATM 机及在线银行的交易活动。每一笔客户操作的业务都必须通过审核员的认证才能完成，确保交易的合法性和准确性。对于网上银行交易和移动端交易，通常采用自动客户认证系统来验证交易授权，实时化的审核机制确保了银行业务的安全性，也使得会计凭证的生成与业务审核同步进行，保证了会计数据的准确性和时效性。

（三）商品流通业

商品流通企业的核心活动围绕商品的采购、销售、调拨和储存展开，旨在将产品从生产环节转移到消费环节，支持工农业生产并满足消费者需求，通过这一过程实现商品价值并赚取利润。与工业企业不同的是，商品流通企业的业务重点在于供应和销售环节，而不涉及生产活动。

在管理和会计核算方面，商品流通企业主要依赖进销存系统。这些系统通常基于条形码技术构建。条形码技术是随着计算机和信息技术的进步而发展起来的一种综合性技术，它通过编码、印刷、识别及数据的采集和处理，实现对商品流动的有效管理和精确核算，并进一步优化库存控制和提高销售过程的效率。

条形码是一种图形标识符，由不同宽度的黑白条纹（条和空）组成，这些条纹按照特定的编码规则排列，用以代表一定的信息。黑色条纹和白色条纹的反射率有显著差异。条形码能够携带众多信息，如物品的产地、生产厂家、商品名称、生产日期、图书分类号、邮件的起止地点和日期等，因此在商品流通、图书管理、邮政服务及银行系统等多个领域中均有广泛应用。

通用商品条形码的结构包括四个主要部分：①前缀码，这部分用于标识商品的国家或地区，编码权由国际物品编码协会控制。例如，前缀"00～09"指的是美国和加拿大，"45"和"49"代表日本。[①] ②制造厂商代码，这一部分由各国或地区的物品编码组织控制。如在中国，这一任务由中国物品编码中心负责。③商品代码，这部分由生产企业自行编码，用以具体标识商品。④校验码，位于条形码的末尾，用于验证条形码中首 12 位数字的准确性。

中国巨大的消费品市场涵盖传统百货、便利店、连锁店、超市及大型购物中心，覆盖城乡各地，涉及商品种类众多。这些业务流程与过往商业企业相比，已经经历了根本性的变革。传统的商品流通企业的会计系统难以应对如此复杂的业务环境，因此，采用现代信息技术来进行企业信息化管理变得尤为重要，现代商品流通企业需通过进销存系统来管理业务，重构会计流程，以应对这些挑战。在这种系统中，商场收银员的角色可类比会计人员。当收银员使用条形码读取器扫描客户商品的条形码时，从会计核算的视角来看，这标志着会计核算流程的完成：商品销售已经结束，销售货款已收回，商品成本已结转，销售毛利已实现。这便展示了商品流通企业在业财融合中的会计实务操作。

---

① 薛祖云.会计信息系统（基于业财融合的 ERP 系统环境）[M].厦门：厦门大学出版社，2018：79.

（四）电子商务

电子商务是通过计算机技术和网络通信技术开展的一种商务行为，依托于因特网这一开放的网络环境，采用浏览器／服务器的应用模式，使得买卖双方在不需要面对面的情况下就能完成各种商业交易。这种新型的商业模式涵盖消费者的在线购物、企业间的电子交易、在线支付及一系列相关的商务、交易、金融活动和综合服务。随着电子商务的迅速发展，其涵盖范围已经扩大到了包括但不限于电子货币交换、供应链管理、电子市场、网络营销、在线事务处理、电子数据交换（EDI）、库存管理和自动数据收集系统等多个领域，不再局限于网上购物的基本功能。

电子商务交易的构成依赖四个关键组成部分：

1. 交易平台

这是指作为电子商务活动基础的第三方电子商务平台。它提供一个信息网络系统，通过该系统，交易的双方或多方可以进行交易匹配及接受相关服务。

2. 平台经营者

被称为第三方交易平台的经营者，这些经营者是在工商行政管理部门注册并获得营业执照的自然人、法人或其他组织。他们负责运营第三方交易平台，并为用户提供各种必要的服务。

3. 站内经营者

这些是在电子商务平台上进行交易和相关服务活动的自然人、法人或其他组织。他们利用平台提供的设施和服务进行商品或服务的买卖。

4. 支付系统

这是由提供支付和清算服务的中介机构以及支持支付指令传递和资金清算的技术手段组成的系统。该系统不仅处理债权和债务的清偿问题，还负责资金的转移，通常也被称为清算系统。

电子商务作为一种创新的商业模式，可能对传统会计理论和实践构成重大挑战。在这种模式下，企业间的交易通过互联网完成，导致会计实体逐渐虚拟化，一个网络地址便能代表一个企业实体，这样的环境允许企业通过域名进行资源共享和在线交易。随着电子商务的日益普及，众多学者开始探讨这种商业模式对会计的各种潜在影响。尽管大部分讨论仍停留在理论层面，如电子商务对传统会计假设、会计原则的影响，对会计职能、会计要素的影响，对财务报告的影响等，但电子商务对会计实务的具体影响却未得到充分研究和总结。

虽然电子商务改变了交易的形式和环境，但在平台上进行的买卖双方的交易实质并未改变，平台上各主体的会计实践仍遵循原有的会计程序，现行的会计准已足够反映企业的线上或线下交易活动。在电子商务与 ERP 系统的关系方面，ERP 被视为企业实施电子商务的基础和核心支持系统。掌握良好的 ERP 系统的企业将在电子商务领域占据优势。所以，要深入理解电子商务环境下的会计实践，关键在于审视电子商务平台各主体的 ERP 系统，这是探索和评估电子商务影响的基础。

第三节　RPA 技术

一、RPA 技术的内涵

机器人流程自动化（Robotic Process Automation，RPA）是一种软件解决方案。它通过模拟和增强人与计算机的交互，记忆人工操作的行为和规则来自动执行基于规则的重复性任务。简单来说，RPA 允许机器人自动复制人的桌面操作来完成重复性工作，从而辅助完成各种任务。

在多系统共存与数据孤立问题增加、人力成本不断提高的背景下，企业对自动化的需求变得更为迫切。企业迫切寻求技术解决方案以更好地连接这些系统，打破数据孤岛，降低人力成本并提升流程效率。在这样的环境中，RPA 提供了一种理想的技术路径，因为其能够适应明确规则和高重复性的工作场景。这种"规则明确"和"重复量大"的特性使得RPA的应用成为可能，还具有实际意义。相较于传统软件系统的开发，RPA的部署和使用更具灵活性，且投资回报周期短，用户的准入门槛较低，适用于多种工作环境。

二、RPA技术的特点

（一）机器处理

RPA技术使得机器能够模拟人工执行重复性和机械性的任务。机器自动化处理可以实现机器人24小时不间断工作，极大地削减了人力成本，同时显著提升了工作流程的效率和信息处理的实时性。更重要的是，机器人的使用减少了人工操作的错误，保障了工作的质量和效率，提高了数据处理和报表生成的可靠性、安全性及合规性。

（二）以外挂形式部署

在企业的工作系统结构中，核心数据和基本需求构成最底层，基础软件如Excel、Word位于第二层，而ERP、CRM（Customer Relationship Management，客户关系管理系统）、WMS（Warehouse Management System，仓库管理系统）等流程系统则处于第三层。[①] RPA作为一个额外的软件层，不干预或改变企业现有的IT系统架构，而是以外挂的形式轻松部署。企业IT系统结构如图3-11所示。这种部署方式使得RPA的实施既灵活又高效，开发周期短，成本低，同时确保了企业原有系统的稳定运行，无须进行大规模的系统升级或更换。

---

① 郭奕，赵旖旎.财税RPA：财税智能化转型实战[M].北京：机械工业出版社,2020：23.

图 3-11　企业 IT 系统结构

（三）基于明确规则

RPA 的设计初衷是代替人工执行那些重复性和机械性的任务。为此，它依赖明确的规则来编写操作脚本。这些规则必须是具体的、可数字化的，以确保触发指令和输入都是标准化的。因此，适用于 RPA 的业务流程需具备预定义的场景，如财务、人力资源、供应链和信息技术等部门的某些操作。这些场景中的操作通常有固定的步骤和预测性的结果，非常适合应用 RPA 技术。相反，RPA 通常不适用于需要高度创造性、规范流程和系统频繁变动的工作环境，因为这些场景的不确定性和复杂性超出了 RPA 处理的范围。

（四）模拟用户界面操作

RPA 的核心功能是模拟用户的手工操作，包括但不限于复制、粘贴、鼠标点击和键盘输入等。虽然与成熟的大型编程软件相比，RPA 在编译效率和调试侦错方面可能有所不足，但其使用的简易性、灵活性和成本效益高的特点使得 RPA 在许多应用场景中成为首选技术。

三、RPA 在业财融合中的应用

（一）自动化财务报告

RPA 机器人在自动化财务报告制作过程中发挥了革命性的作用，极大地优化了传统的财务报告流程。传统上，财务报告的制作涉及财务人员手动收集数据、整理表格、计算指标及编制报告，这一过程耗时且容易产生错误。RPA 机器人的应用改变了这一局面，实现了流程的自动化，提高了效率和报告的准确度。

具体而言，RPA 机器人能够自动化地从多个财务系统和数据库中提取必要的数据，如收入、支出、资产和负债等，进而自动地将这些数据整理并填充到预定的财务报表模板中。机器人还能进行复杂的财务计算，包括利润率、债务比率和资产回报率等关键财务指标，并按照既定规则进行数据一致性和准确性的检查，确保报告的高质量。完成这些核心步骤之后，RPA 机器人还具备自动将完成的报告分发至相关管理层和部门的功能，进一步促进了信息的流通和共享。这种自动化的报告制作方式大幅节省了人力成本，缩短了报告制作周期，减少了人为错误，提升了报告的准确性和可靠性，为企业提供了更加稳健的数据支持，促进了更精准的业务决策。

（二）优化账款和应收账款处理

传统的账款处理过程，包括从接收和验证发票到执行支付，每个环节通常依赖烦琐的人工操作。通过部署 RPA 机器人，这一整套流程得以自动化和标准化，显著加快了处理速度并降低了出错率。在应收账款管理方面，RPA 机器人能够自动监控和记录客户的支付行为，实时更新账户信息。对于逾期的款项，机器人能自动向客户发送催款邮件，甚至可以直接与客户的支付系统对接，自动化处理支付过程，加快了资金的回流，提升资金管理的效率。对于应付账款，RPA 机器人同样显示出其关键作用。它能自动化地处理接收到的发票，验证发票的真实性和准确性，匹配相关的订单和交货单据，并执行支付操作。这些自动化过程确保了企业能够及时支付账款，避免因延迟支付而产生的额外费用和罚款，在很大程度上提高了企业的财务管理效率。

（三）风险管理与合规性监控

RPA 机器人在风险管理和合规性监控领域的应用展示了其在持续性和自动化监控企业财务活动方面的强大能力，确保企业操作符合法规要求，并能及时发现潜在风险。在合规性监控上，RPA 机器人能够不断地审查企业的财务流程，确保所有行为均符合法律法规要求，例如，它能自动审查交易记录，验证这些记录是否遵守反洗钱法规等金融法规。[①] 机器人可以通过编程来识别异常的模式或行为，如异常的大宗交易，并及时向管理层发出警报，促使进一步的调查。在风险管理方面，RPA 机器人能通过分析大量的财务信息，迅速挖掘出潜在的财务风险，还可以利用历史交易模式和财务指标进行分析，预测可能出现的现金流困难，使管理层能够提前采取措施，以降低风险。

四、基于 RPA 的业财融合原则

（一）标准化流程优先

在引入 RPA 机器人的业财融合过程中，采用标准化的流程至关重要。这主要是因为，确保业务流程的标准化和规范化是让 RPA 机器人能够有效执行任务的前提，如果流程未达到标准化要求，机器人在操作过程中可能会出现混乱和效率低下的问题，这是由于它们的设计和运作严重依赖于固定的模式和规则。

为了使流程标准化，公司必须对其现有业务流程进行全面的检查和改造。对此，应清晰定义流程中的每一个步骤，并确保每个步骤具有明确的输入和输出。这些步骤应当能够以可预测且一致的方式执行。标准化过程还需要将这些流程进行文档化，以便所有相关人员都能够理解并遵循这些规范化的操作。在实施这些标准化流程的同时，还需要保持流程的灵活性和可扩展性，以便其能够适应将来的变化和业务需求。虽然 RPA 机器人在执行基于规则的任务方面效率极高，但它们同样需要有能力应对业务流程中可能出现的任何变化。

---

① 李晓辉 .RPA 机器人在业财融合中的应用探究 [J]. 中国集体经济，2024（12）：182.

（二）数据安全与保密性

整合业务与财务流程的过程中会涉及大量敏感数据，如财务报告、员工信息和客户数据。确保这些数据的安全和保密性非常重要。虽然 RPA 机器人可以大幅提升数据处理效率，但它们处理敏感信息的过程也可能成为数据泄露的潜在风险点。为了强化数据安全，企业在设计和部署 RPA 机器人时，必须实施严格的安全控制措施，包括确保数据在传输和存储过程中得到加密保护，以及实施有效的访问控制策略，确保只有经过授权的用户才能访问和操作机器人；应当对 RPA 机器人进行定期的安全检查和测试，以便及时发现并修复任何安全漏洞。在保护数据保密性方面，企业需确保 RPA 机器人在处理数据时能严格遵守相关隐私法规和公司的政策。这意味着在处理个人或敏感数据时，必须采取所有必要措施，以防止这些信息被未经授权地披露。

（三）持续监控与优化

这一原则强调了企业需对 RPA 机器人的操作实施不断的监控，并根据监测数据持续优化流程。这种做法的必要性源于业务环境和需求的持续变化，RPA 机器人的运行必须进行相应调整，以适应这些变化。持续监控包括对 RPA 机器人的运行进行实时的跟踪和分析，专注于监控其性能指标，如任务处理的速度、准确率和可靠性等。通过这些性能指标，企业能够评价 RPA 机器人的表现，发现并识别任何问题或性能瓶颈。例如，若某机器人在执行特定任务时频繁出现错误，企业则需要探究原因并作出相应调整。

优化过程涉及基于监控反馈对 RPA 机器人及其操作流程的改进，包括调整机器人的工作流程以提高处理效率，或重新设计某些流程步骤以消除效率低下之处。优化的终极目标是确保 RPA 机器人以最优效率运行，能够灵活适应业务需求和环境变化，确保业务流程的顺畅和高效。

五、基于 RPA 的业财融合策略

（一）加强数据管理与集成技术

第一，该策略要求建立一个中央数据仓库或统一的数据平台，作为企业数据的集中存储地，以确保数据的一致性和可追溯性。在此平台上，对数据进行清洗、标准化和分类是必要的步骤，这样做可以方便 RPA 机器人及其他自动化工具的访问和使用，如利用 ETL（提取、转换、加载）等数据集成工具整合来自不同来源的数据。

第二，实行严格的数据质量管理措施。数据清洗、验证和更新的定期执行是确保数据持续精准的关键操作。数据清洗去除无用和错误的数据，避免自动化过程中由于数据质量问题导致的错误决策。验证过程能确保数据符合预设的质量标准，如准确性、完整性和一致性，使处理结果更可靠。定期的数据更新则保证了系统的数据始终能反映最新状态，支持高效决策。

第三，为了确保不同系统之间的有效集成，应投资于先进的数据集成技术，应用程序编程接口（API）、中间件和集成平台的运用能够打破信息孤岛，实现系统间的高效通信。API 提供了一种灵活的方式来连接不同的软件应用，支持数据的实时流动和即时更新，这对于维持连续的业务操作至关重要。中间件作为不同系统之间的桥梁，管理数据流和功能调用，确保数据的顺畅传输。集成平台（如 ESB，企业服务总线）可以进一步封装复杂的集成逻辑，提供统一的接口和服务，降低系统间交互的复杂性。

第四，随着数据集成程度的增强，数据安全和隐私保护的重要性日益凸显。建立强大的数据安全机制，如数据加密、访问控制和数据监控系统，是保护敏感信息不被泄露或非法访问的关键。数据加密技术确保数据在传输和存储过程中的安全，防止数据在网络传输过程中被截获。访问控制策略限定数据访问权限，确保只有授权人员能够访问敏感信息。此外，实施数据监控系统可以实时监测数据使用状态和访问记录，及时发现并解除安全威胁。

（二）优化跨部门沟通与协作

第一，构建由业务、财务、IT 及其他相关部门成员组成的跨部门协作团队是基础。这种团队配置有助于跨功能领域的知识共享，使得 RPA 部署更为精准地对接各部门的具体需求。多部门团队的存在还有助于消除部门间的信息障碍，加快决策的速度，提升决策的质量。例如，当财务部门需要从

IT 部门获得特定技术支持时，已经建立的合作关系可以推动问题的沟通和解决，确保 RPA 项目顺利实施。

第二，定期的跨部门会议和研讨会是强化这种协作的重要平台。它们提供了一个共享信息、解决问题和共同成长的环境。通过这些会议，团队成员可以定期聚焦讨论 RPA 项目的进展情况，分享各自部门在实施过程中的成功经验和所面临的挑战。在这个过程中，团队更容易发现并解决新的或持续存在的问题，还可以通过集体智慧探索如何改进和优化工作流程。例如，在这些研讨会中，来自不同背景的团队成员可以共同讨论如何通过 RPA 技术优化数据输入过程，减少错误并提高效率。

第三，需要引入现代化的协作工具和平台。项目管理软件可以帮助团队成员跟踪项目进度，管理任务和分配责任，而在线协作平台（如 Slack 或 Microsoft Teams）则支持即时消息交流和文件共享，确保信息快速流通。这些工具还支持远程工作模式，使得团队成员不受地理位置的限制，可以灵活地参与项目。

（三）加大高层领导的支持与参与力度

组织专门的研讨会和培训，可以向高层领导详细介绍 RPA 技术的核心原理、实际应用案例及其带来的预期效益。在这些活动中，强调 RPA 在提升企业效率、降低成本及实现长期战略目标方面的重要作用，有助于领导层看到投资于 RPA 的长期益处，从而支持该项目。

设立由高层领导参与的委员会或小组，可以实现对 RPA 项目的有效监督和指导。这种结构使得领导层能够直接影响关键决策，如技术选择、流程优化和资源配置，进一步增加项目成功的可能。这种参与方式还有助于领导层更深入地理解项目的进展和挑战，使他们能够在必要时提供战略指导和支持，确保项目与公司的长远目标相符合。高层领导的直接沟通对于提升员工的项目参与度和增强员工的归属感同样关键。通过定期的内部演讲、通信或参与项目会议，领导层可以向员工明确展示他们对 RPA 项目的支持和期望。这有助于传达项目的重要性和紧迫性，激发员工的积极性和创新思维。领导层的这种透明和开放的沟通方式还能减少误解和不确定性，使员工感到自己的工作受到高度重视，进而更加主动地参与项目。最后，高层领导对项目关键里程碑的亲自参与是极具象征意义的行为，它显示了企业对项目的重视程度，还能显著增强团队的士气和动力。领导层在项目的重要活动中的出席，如启动会议和成果展示会，是对其努力的认可和赞赏。

第四节　SAP 系统

一、SAP 系统概述

作为全球企业管理软件与解决方案的领导品牌，SAP（System Applications and Products）长期以来一直是市场的领头羊。三十年来，SAP 通过其先进的应用软件和周到的服务及支持，为全球各行各业的企业持续提供了全面的企业级管理解决方案。随着商业智能应用的新浪潮，代表性的 SAP 应用越来越受到企业用户的喜爱。尤其在中国市场，SAP 用户数量急剧增加，相应地，对掌握 SAP 基础技能的专业人才的需求也在增长。

SAP 的行业解决方案覆盖超过二十个行业，包括但不限于汽车、金融服务、消费品、工程与建筑、医疗卫生、高等教育、高科技、媒体、石油与天然气、医药、公用事业、电信、电力及公共设施等。这些解决方案融合了各行业的最佳业务实践，并通过详细的行业解决方案图展示了每个行业的特定业务处理需求。SAP 不只提供自身的解决方案，还与合作伙伴共同完善这些方案，确保能够支持基于网络"端到端"业务流程的无缝执行。

二、SAP 系统应用于业财融合的理论基础

SAP 系统应用于业财融合的理论基础有三个，如图 3-12 所示。

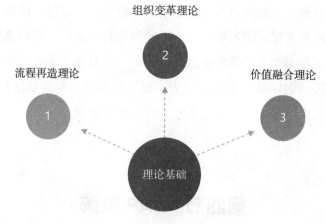

图 3-12　SAP 系统应用于业财融合的理论基础

（一）流程再造理论

流程再造理论提倡企业在管理活动中彻底改革现有流程，以提高对变化的适应能力和即时响应能力。此理论在重塑企业的组织结构和管理策略方面扮演着至关重要的角色。当企业实施业财融合，即整合财务和业务流程时，需要采用现代化的管理和流程模式，以便更好地支持这一战略。传统流程通常不足以满足业财融合的复杂需求，因此，定制的流程设计成为企业适应和优化运营的关键步骤。关于流程再造理论，上一章已做介绍，此处不再赘述。

（二）组织变革理论

组织变革是推动企业结构优化和内部关系改善的关键因素。它通过重新配置组织结构和人员分配，显著提升企业的发展潜力和员工能力。变革理论除着重于企业要调整其规模和结构外，还重视员工心态的转变，以适应快速变化的市场和技术创新环境，提高整体运作效率。在实现业财融合的过程中，企业应倾向于形成扁平化的组织结构，这有助于通过减少层级和削减冗余职位来降低成本和提高决策效率。这种组织变革与传统的多层结构相比，能更有效地控制成本和加快反应速度。

企业的成长与组织变革息息相关，企业的发展能够促进组织结构的细化和完善。反过来，一个持续优化的组织架构又为业财融合策略的成功实施打下坚实基础。变革过程包括重塑组织框架和加强员工培训，以确保人员能够顺利适应新的工作模式。因此，组织在运营和战略实施过程中必须重视变革管理，及时发现并应对挑战。随着新管理模式的引进，适应性的组织结构调整变得不可避免。在推行业财融合时，企业需要重新设计其组织架构和人力资源配置，确保这些变革能够有效提升企业的整体效率。

（三）价值融合理论

价值融合理论的核心在于业务与价值的深度整合，强调企业的业务操作应直接贡献于价值的创造。该理论认为，企业的价值产生自业务经营，两者存在不可分割的联系。在当前的经济发展背景下，企业应以价值最大化为核心目标，在其生产和经营活动中确保每项业务都能实际增加企业价值。然而，由于企业内部部门间分工明确，常导致业务部门只专注于业务履行本身，而忽略了价值创造的重要性，有时即便意图创造价值也因缺乏协同而难以实现。

价值融合理论提出几个关键特征如下：

第一，业财融合追求业务操作和财务管理在创造价值方面的深度融合。该理论认为，企业的所有经营决策和行动都应当以增加价值为核心目标。常见的误解是，业财融合仅仅是业务与财务部门的简单合作，但实际上，它应涉及业务决策与价值创造之间的紧密联系，确保商业决策能够在增加企业价值的同时进行。

第二，业财融合不是业务与财务的随意混合，而是一种更为精细的融合方式，强调对企业各环节价值创造潜力的系统评估。这种融合方式注重从各项业务活动中实现最大价值，而不是单独满足于表面的财务和业务的结合。

第三，在业财融合中，业务活动是主导因素，业务操作是信息产生的基础。这种操作按照业务需求进行，结合企业的资金流动，进行现金流量的管理，从而服务于企业业务的全面管理。与此相对，价值融合理论认为应全面整合业务及价值链，使两者并行发展，形成一种并行融合的关系，而不单纯是相互依存。

三、SAP 所体现的业财融合理念

（一）主数据体现 SAP 业财融合

在 SAP 系统中，主数据的管理融合了业务信息与财务信息，确保了业务操作与财务核算的一致性。业务端在进行如收货、发货等操作时，财务端会自动同步并生成相应的财务凭证，进而实现业务变动与财务记录的同步。这种机制突出了 SAP 在业务前端控制的重要性，并将财务管理扩展至前端业务管理中。每一个业务操作都能直接影响财务结果，因此，前端的业务控制的强弱直接决定了后端财务的控制质量。如果前端业务控制得当，财务管理的效果也会相应提升。这种模式要求财务人员不应局限于办公室内的工作，还应深入业务现场，了解并分析业务流程，通过直接参与业务操作来加强对业务的理解和控制。

在 SAP 系统中，主数据的维护包括财务成本核算的基本信息，以及销售分销、物料管理、生产计划、质量管理等多个领域的信息。这些信息共同决定了物料在 SD（销售与分销）、MM（物料管理）、PP（生产计划）、QM（质量管理）等各个模块中的处理流程。例如，在主数据设置中，适当配置会计科目是至关重要的；如果成品的收货和发货操作设置正确，将会生成正确的会计凭证来反映成品的增减。反之，若在销售视图中错误地将主营业务收入科目配置为其他业务收入，那么当开发票和生成凭证时，这些凭证会被反映为其他业务收入，进而引起会计科目的错误归类。若需要纠正这种错误，就必须将所有相关业务撤销并重新操作。这一过程对企业的财务月结造成了严重影响。主数据中的一点小错误都可能引发大问题，导致整个企业的财务数据出现连锁反应错误，如同多米诺骨牌一样一环扣一环，因此，在业务端进行主数据维护时的准确性极其重要，这不仅需要业务端负责人的精准操作，还需财务人员的严格审核。为防止错误扩散，一旦发现错误凭证，应在财务端进行冲销处理，并在业务端直接撤销相关操作并重新进行相关操作，确保信息的准确性和数据的正确性。由此可见，主数据维护岗位的重要性不言而喻，正确的业务操作和充分的业务与财务部门间的沟通对保证 SAP

系统的顺利运行至关重要。最终，前端业务操作的能力和精确度直接影响到企业整体在使用 SAP 系统时的表现和效率。

（二）SAP 成本核算设计体现 SAP 业财融合

在 SAP 系统下，企业生产制造的管理体系依托各部门的专责操作。主数据由基础部门维护，技术部门负责制定物料清单（Bill of Materials，BOM）与设计工艺路径，财务部门则进行作业成本的计算。这种部门间的配合是制定生产订单流程的关键。关于成本核算，企业以生产订单为核心，细致地跟踪和集成实际产生的工资与制造费用，通过物料账的执行来精确计算每个订单的实际成本，从而保证生产效率的提高和成本控制的优化。

（三）SAP 整体运行体现 SAP 业财融合

企业采用 SAP 系统时，必须提高业务数据的质量，因为这直接关系到财务结算的准确性和财务报告的可靠性。SAP 对财务核算的程序非常严格，业务操作必须与整体流程紧密相连，不精确的操作可能引发数据错误，严重影响整个业务和财务的正常运行。为避免出现这种情况，企业需不断地完善和更新其业务流程与管理标准，特别是将财务管理的重心提前，强化内部控制机制。此外，从 BOM 的维护到主数据的更新，每个业务前端的步骤都需要严格的标准化审查和高度关注。

（四）SAP 业财融合能够降本增效

SAP 系统通过业财融合，实现了全部门、全流程集体参与预算的制定和执行，增强了业务与财务部门的互动。这种合作模式能帮助及时发现并处理不合理的支出，并促进部门间的沟通，共同寻找解决策略，从而深化业务部门对财务流程的理解以及强化财务部门对业务操作的把控。这一融合策略还能有效减少生产管理中的浪费，降低成本，拓宽了管理层的视角，确保业务目标与财务目标的对齐。SAP 系统能确保业务和财务数据的一致性，使得财务部门能够实时捕获并向管理层报告最新数据，最终实现管理效率的显著提升。

四、SAP 内部控制的应用

（一）SAP 各个模块高度集成，有利于加强内部控制

SAP 系统通过其高度集成的模块设计，在企业内部控制方面展示出显著优势，允许核心业务部门对其他部门进行有效的业务监控，并设立关键控制点。这一系统的设计理念从传统的事后监督和结果控制，转向侧重于事前预防和事中检查的过程控制。此变化使企业具备了在运营过程中实时识别并迅速解决问题的能力，而且利用即时数据有效分析和调整业务策略，大幅增强了运营的灵活性。具体到质量管理，SAP 系统赋能质量管理部门在采购、生产及销售的关键环节中设定质量检验节点，包括来料检验、生产中的质量控制、成品检验和发货前的最终检验。

（二）在控制目标标准上，应明确关键业务的定量标准与定性标准

定量标准通常涉及具体的数字目标，如销售额、生产量、成本控制等，这些是可以直接度量和比较的标准。通过 SAP 系统，企业可以实时追踪这些指标的表现，评估业务活动是否达成了预定的财务和运营目标。定性标准更多关注业务执行的质量、流程的合规性及员工行为的标准，如客户满意度、流程遵守度和团队合作精神等，这些标准虽然不易于量化，但对于评估企业的整体健康状况和形成独特文化至关重要。通过在 SAP 系统中设定这些定量和定性的控制目标，企业能够确保业务结果符合财务要求，维持高标准的业务执行质量。

（三）企业内部控制的综合评价服务于企业战略才有明确的方向

企业运营效率的提升密切依赖于内部控制的有效设计。增长销售收入是推动企业发展的关键因素，因为高销售收入水平能更明显地凸显成本降低的效果，并更有效地分摊固定费用。因此，企业的战略应专注于持续且稳定地扩大销售规模。要达成这一目标，从财务与营销的角度出发，关键在于以下两点：

第一，销售领导者和激励机制。需要发挥销售领导者的影响力，引导各区域销售团队协同进步。销售团队的稳定和培养是实现大规模销售收入的基础。对销售领导者进行有效激励，增强其创新能力和影响力，是推动企业前进的直接力量。激励机制应该因人施策，根据不同层级的创新和成绩实施相应的奖励或惩罚。如何对销售大宗产品的稳定增长和销售小众新产品的大幅增长进行奖励，需要在企业战略目标中进行详细规划。此外，对于销售量大的主流产品，保持其主导地位至关重要。

第二，产品结构和产品的市场地位。奖励策略应该倾向于提升大宗产品的市场占有率和地位。这些产品通常是销售的主力，是实现大规模销售收入的基础。大宗产品通常是成熟产品，代表了老客户的忠诚度。若需淘汰老产品，必须确保新产品能够顺利接替其市场份额。创新产品应当专注于个性化市场，只有当这些新产品的销量达到与大宗产品相似的规模时，其市场地位才会得到提升，否则，它们的市场定位应低于主流产品。

第五节　人工智能技术

一、人工智能技术的概念

人工智能（Artificial Intelligence，AI）技术，作为当前备受关注的前瞻性技术之一，已被广泛应用于多个行业，以增强实际业务的技术能力。在元宇宙中，这种技术尤为关键，因为它支持虚拟与现实交互体验的智能化生成，大量的虚拟现实内容都依赖人工智能来实现。即使对于普通用户，智能化的虚拟现实制作工具也变得必不可少，以提高建模和渲染虚拟内容的效率。

人工智能是一门研究和开发模拟、延伸及扩展人类智能的理论、方法、技术和应用系统的综合性学科。例如，在电影《机器人总动员》中，瓦力这个机器人除了能工作，还能恋爱，具备意识，这体现了人工智能中智能实体的理想状态，也预示了元宇宙中数字虚拟人的可能发展方向。尽管当前人工智能的发展水平主要局限于特定领域的弱人工智能，可能还无法创造出具有真实情感和意识的虚拟人，但是很多关键技术已经为元宇宙中虚拟世界的内容创造提供了强大的支持。

二、人工智能技术的原理

（一）模拟人类思维机制

人类思维的产生和发展基于生理和心理两个基本机制，它们相互作用，构成了思维的全面框架。

从生理角度看，人类的思维过程始于对外界信息的感知。这一过程涉及感觉器官如眼、耳、鼻、舌、皮肤等，它们是接收外部信息的入口。这些信息通过器官被转换为神经信号，由神经元接收，并传输至周围神经系统，最终达到中枢神经系统。大脑作为中枢神经系统的核心，负责对这些信号进行复杂的处理，整合并作出决策，驱动行为的执行。这一系列的生理过程不仅是信号的传递，更涉及信息的加工与应用，是人类思维和自主行为能力的生理基础。

人类思维的心理过程展现出多层次的结构，从基本感知到复杂决策的形成。在初始阶段，通过感官器官捕获的外部信息被转化为基本感觉，这一转化过程完全依赖于实体的感觉体验。随着这些初级感觉的积累，人们结合已有的知识和个人经验，发展出更复杂的知觉层次。基于这种知觉，个体进一步融合自身情感和意志，形成较高级别的思维活动，即主观思维体验，这属于意识的活动领域。当主观意识遇到客观现实的挑战时，大脑会生成具体的决策，体现为一种全面的思维过程。这些决策通过中枢神经系统转化为具体的行动，无论是语言表达还是身体动作。执行后的结果被大脑接收，形成反馈，进而调整未来的思维和行动策略。整个过程构成了一个环环相扣的链条。这些思维链条相互交织，形成依赖于神经系统的复杂网络结构，体现了人类思维的独特复杂性。

（二）人工神经网络技术

人工神经网络技术模仿人类思维的生理与心理机制，融合了多学科知识，为计算机深度学习奠定了坚实的技术基础。这种技术构建了一个模拟动物神经网络行为的数学模型，其中包括输入层、多个隐藏层及输出层。输入层负责接收各种信息，隐藏层对这些信息进行综合处理和加工，输出层则生成最终的输出信息，人工神经网络的核心在于进行复杂的科学计算。[①]

以图像识别技术为例，该技术类似人类通过眼睛捕获图像信息。例如观察到一只熊猫时，信息包括外形轮廓和颜色等细节。这些信息经过视神经传入大脑，大脑通过中枢神经系统处理后形成感觉，随后结合已有的知识和经验，进行综合判断以形成知觉。进一步地，这些信息和主观思维体验结合形成了具体的意识，从而识别出这是一只熊猫。计算机深度学习中的人工神经网络便是仿照这一过程设计的。它通过传感器捕捉图像信息，将其转换成输入层的像素阵列，然后利用云计算技术在云平台的资源池中进行图像比对和模糊识别，隐藏层通过模拟感觉、知觉到意识的转变过程，最终在输出层得出结论。这显示了人工神经网络模仿人类的认知过程，实现复杂的信息处理和决策生成。

人工神经网络技术具有六大显著特征：

1. 数学基础

神经网络作为人工智能领域内基于严格数学和统计学原理构建的少数技术之一，其科学性和实用性得到了广泛认可。相比之下，专家系统更多依赖于非规则的经验主义。神经网络的核心数学元素包括权重调整、求和过程、激活函数和学习规则，涵盖微分方程、线性代数、矩阵理论及概率统计等领域。这些数学工具描述了神经网络的输入、输出行为，还阐明了其信息存储、回忆、能量变化以及网络的收敛性和稳定性。

[①] 高志强，阳会兵，唐文帮 . 作物学数字教学资源建设 [M]. 长沙：湖南科学技术出版社，2022：12.

2. 内在并行性

神经网络的显著特点之一是其内在并行性。作为一个高度并行的非线性系统，神经网络的并行性贯穿于其结构和运行过程中。从单一的处理单元到整个网络系统，神经网络展示了理论和实际操作中的并行计算特性，其中计算任务被分散至多个处理单元上。这些单元能够同时执行任务，大幅提高处理效率，加快处理速度。

3. 信息存储

神经网络在信息存储方式上与传统计算机系统截然不同，它不将信息保存在固定的存储单元中，而是将信息分布在整个网络系统的多个节点上。这种存储方式表现为网络对输入的动态响应，整个系统的多个连接共同作用于特定问题的解决。神经网络采用的是联想式存储机制，这种机制能够实现数据之间的直接映射，类似人类和动物的联想学习方式，如一名教师能识别出学生的各种手写字体。即便各类字体存在变形或缺失，人类依然能从中识别出正确的模式。同样，神经网络通过联想存储，能够从复杂模式中迅速提取和识别信息，具有存储大量复杂模式和快速分类新模式的能力。

4. 容错性

在容错性方面，由于神经网络的知识采用分布式存储，即使网络中某些神经元失效，也不会对系统整体功能造成重大影响。这种分布式的信息处理方式使得神经网络具有极高的容错性，远超传统计算机系统。网络的这一特性意味着在面对部件损坏或故障时，神经网络仍能维持基本运作，确保信息处理和决策支持的连续性。

5. 自适应性

神经网络的自适应性是其重要特征之一，涵盖学习、自组织、泛化和训练四个方面。

（1）学习。神经网络通过调整神经元之间的加权连接来学习。这种学习过程使得网络能够根据输入数据的模式和反馈信息不断优化自身的行为和加快响应速度。

（2）自组织。指多个神经元按照特定规则同步改进。神经网络通过迭代修正过程，类似积累和适应环境的经验，实现自我组织和调整。

（3）泛化。它是神经网络对未曾遇见的输入数据作出反应的能力，即网络能够从部分或不完整信息中推断出整体情况的能力。这种能力不仅展示了网络的灵活性，还是衡量其实际应用价值的重要标志之一。

（4）训练。它是网络学习的途径。训练可以分为无监督和监督两种。无监督学习侧重于从数据中发现模式和结构，而监督学习通过给定输入和期望输出之间的比较来调整网络权重。根据任务的不同，网络可以调整学习规则或冻结已学到的权重，以适应特定环境或满足实时过程控制的需要。

6.神经网络智能信息处理系统的优越性

在现代信息处理领域，绝大多数工作仍然由基于冯·诺依曼结构的传统串行计算机完成。[①] 这类计算机在处理结构化问题时展现出卓越的计算效能。然而，当面对非结构化信息问题时，通常有两种解决方案：一是基于逻辑运算和符号操作的人工智能专家系统，二是采用神经网络的方法。

（1）人工智能专家系统仍然采用串行和算法基础的体系结构，需要大量的数据分析和建模，因此这种方法涉及较多的人为因素。相比之下，神经网络通过学习来建立规则，避免了传统的数据分析与建模过程，削弱了人为因素的影响。

（2）在实现层面上，传统的计算方法依赖于编程、时序控制及串行处理，这使得处理速度较慢，且容易形成瓶颈效应，结构也相对脆弱，不能够解决自适应问题。而神经网络采用的是非编程的并行处理方式，具备学习能力，有效地突破了传统算法的限制，加快了处理速度，并且由于其结构的坚韧性（鲁棒性），能够适应各种环境变化。

（3）在信息存储处理方面，传统计算系统通常将信息集中存储，这种方式的容错性较差。在神经网络系统中，信息采用分布式存储，并且存储与处

---

① 黄忠华，王克勇，李银林.智能信息处理 [M].北京：北京理工大学出版社，2021：114.

理一体化，这不仅提高了系统的容错性，还使得网络能进行快速的联想计算，大幅加快了信息处理的速度。

（4）传统计算机和人工智能系统主要通过逻辑符号推理来模拟人类的逻辑思维，从而研究人类智能的机器化表现。神经网络计算机则基于神经元的连接机制，直接从结构上模拟人类的智能过程，特别是人类的联想思维。因此，神经计算作为一种新型智能信息处理系统，能够进行形象思维和灵感触发，具备推理和意识等高级功能，展现了与传统人工智能不同的优势和应用潜力。

（三）人工智能实现机理

从出生到成年，自然人通过不断的学习和实践检验积累知识和经验，逐步增强自己的能力。类似地，在机器学习领域，计算机利用大量实时的非结构化数据进行训练和测试，以建立专门针对特定任务的决策模型，这些模型经过验证和测试，并通过持续的优化过程，能够用于解决实际问题。在此过程中，这些模型通过接触新的大数据持续进行自我优化。

机器学习位于人工智能研究的核心位置，致力于探索计算机模拟人类学习过程的方法，以便获得新的知识与技能，不断提高解决问题的效率。这一领域的方法可以大体分为监督学习和无监督学习两种。在监督学习中，系统通过分析一组标记过的样本数据来调整其分类器参数，以满足性能要求。相对地，无监督学习则专注于分析未标记的数据集，从中识别模式。

人工智能技术通过模拟人类思维的基本过程——感觉、知觉、意识和决策，发展了多层次的感知器系统。这些系统涵盖从信息采集、加工到凝练及升华的各个阶段。多层感知器，作为一种层级明确的前馈式人工神经网络，负责将输入向量转化为输出向量，其中每一层的节点都与下一层全面连接，模拟人类神经元的功能，每个节点包含非线性激活功能。多层感知器的操作过程类似处理简单事件的思维流程，其中深度学习通过多次训练实现。在训练过程中，利用反向传播算法这种监督学习技术，能够持续优化人工神经网络。目前，深度学习技术已在图像识别、语音识别和自然语言处理（NLP）

等多个领域取得显著成就。

人工智能技术尝试通过模拟人类大脑的复杂思维机制来发展人工智能。在模仿人类的生理思维机制方面，机器依赖于专门的硬件资源，包括使用多种传感器来模拟人的感觉器官，实现信息的收集，还可以利用高级的通信网络来模仿人类的周围神经系统，确保系统内的数据能够高效传输。此外，基于多层感知器的人工神经网络负责进行复杂的计算和推理过程，这类似人脑的中枢神经系统。

从技术实现的角度看，机器已较好地模拟了人类的形象思维，包括数据的采集、传输、存储、整理等，而模仿人类的逻辑思维主要依赖于数学计算，涉及数据的分类、归纳、排序、对比等过程，这一领域仍有巨大的发展潜力。至于模拟人类的创新思维，如思维的多样性、逆向思维、直觉和灵感等，这仍是人工智能领域的一个挑战和发展焦点。目前，这方面的研究还处于初级阶段。前路漫长，需持续探索与创新。

三、人工智能技术在业财融合中的应用

人工智能在业财融合中的应用正在革新企业运营模式，优化决策过程，并提升整体效率。业财融合是指将业务和财务流程紧密结合的管理模式，通过技术手段使企业的业务和财务数据整合，能够加快决策速度、提高决策质量。

（一）自动化和优化财务流程

人工智能技术正在彻底改变财务部门的工作方式，特别是在自动化和优化财务流程方面发挥着至关重要的作用。通过自动化处理诸如数据录入、发票处理、财务报告生成等重复性高的任务，人工智能显著提高了工作效率和数据处理的准确性。例如，运用 OCR 技术，机器可以快速识别发票和其他财务文件中的文本，自动将其转换成数字格式并录入系统，这极大减少了人工输入的错误，节省了大量的时间、节约了人力资源。此外，人工智能的预测模型在现金流管理中同样显示出巨大潜力。通过分析历史数据，这些模型可以预测企业的财务需求和现金流趋势，使企业能够在正确的时间作出资金

分配和财务决策。这种前瞻性的财务管理可以帮助企业保持流动性，避免资金短缺，提高资本的使用效率，增强企业的市场竞争力。

（二）提升决策质量

人工智能通过高效处理和分析庞大且复杂的数据集，增强了企业的数据洞察能力，极大地提高了决策的准确性和效率。具体来说，人工智能的数据挖掘和机器学习技术使其具备从大规模数据中提取有价值信息的能力，识别销售数据中的关键趋势和模式，这一点在市场趋势预测、产品定位优化及销售策略调整等方面尤为关键。例如，人工智能可以分析消费者的购买行为和历史购买数据，准确预测未来产品需求，帮助企业优化库存管理，减少资金占用和降低过剩风险，精准制定营销策略，提高营销活动的投入产出比。

在风险管理方面，人工智能的应用同样重要，它能通过深度分析交易历史、市场动态及其他关键性财务指标，及时识别和预测财务异常、信用风险及市场波动等潜在问题。例如，人工智能模型能够从历史数据中学习并预测市场中可能出现的不稳定因素，帮助企业提前布局，调整投资或运营策略，避免或减轻可能的损失。

（三）客户服务和互动

人工智能在客户服务和互动方面的运用正彻底改变这一领域的运作方式，极大提高了服务效率和客户满意度。特别是通过利用自然语言处理（NLP）和机器学习技术，人工智能能够理解和处理用户的自然语言输入，实现与人类相似的交流体验。人工智能驱动的聊天机器人是一个典型应用，这些机器人能够提供全天候的客户支持，无论是白天还是夜晚，都能即刻响应客户需求。这种技术的应用不仅限于处理常规的查询（如账户信息核查），还能进行更为复杂的操作（如故障排查和解决方案的提供）。此外，人工智能的介入使人力资源得以从日常的重复性任务中解放出来，转而专注于更加需要人类直接介入的复杂问题解决，从而提升整体的服务质量和效率。

进一步地，人工智能在客户数据分析方面的应用使企业具备了前所未有的客户洞察能力。通过分析大量的客户交互数据，人工智能能够识别出客户的行为模式、偏好及需求趋势，这些信息对于企业制定个性化服务策略至关重要。例如，基于客户过往的购买历史和服务互动记录，人工智能可以预测客户可能感兴趣的新产品或服务，使企业能够提前进行市场布局。这种深度的客户洞察能力还能帮助企业实施更有效的营销策略，通过提供更符合客户期望的产品和服务，增强客户忠诚度，推动业务增长。

（四）改进供应链管理

人工智能正在彻底改变供应链管理，尤其是在库存优化、需求预测和物流效率提高等方面展现出显著的优势。人工智能的核心优势在于其能够对大量的销售历史数据、市场趋势和消费者行为进行综合分析，从而进行精确的需求预测。这种基于数据的洞察能力使企业能够精准调整库存水平，避免出现过度库存和产品积压的问题。例如，通过分析特定时间段内的销售数据和市场反应，人工智能可以预测即将到来的销售高峰，企业可以据此提前调整库存和生产计划，确保供应链的高效运作。

在物流管理方面，人工智能技术通过先进的算法来优化配送路线和货物调度，大幅降低了物流成本并缩短了运输时间。人工智能系统能实时监控交通状况、天气变化和配送任务的动态，智能规划出最佳的配送路径，确保货物能以最经济、高效的方式到达目的地。此外，人工智能在设备维护和突发事件处理方面发挥重要作用，通过预测性维护降低机器故障率，提高物流操作的整体可靠性。例如，人工智能能根据过往的维护数据和机器运行情况预测设备可能的故障点，从而提前进行维护，避免因设备故障造成的生产延误或停滞。

第四章　企业业财融合数字化发展中的财务集成与共享

第一节　财务集成共享原理与内涵

一、财务集成共享的原理

随着科技赋能的推动，企业日益趋向数字化，业务流程不断整合和一体化，线上与线下的融合也催生了企业商业模式的持续革新。在这一趋势下，企业的财务功能也在经历深刻的变革，职能模块日益复杂化且边界更加明确，对财务职能的支持需求和整合功能的需求日益增长。为应对这些挑战，企业必须对财务模块进行详细的定义、细化和优化。

在这一背景下，财务的战略职能聚焦于如何通过整合企业内部资源来制定和实施总体的及细化的业务战略。财务系统可以通过战略规划、设立标准、管理风险、推动创新及资本运作，推动企业价值的实现，也能在关键环节实施有效的管控，发挥其在战略决策中的支持作用，促进业务结构的转型升级以及合作的协同。财务的三大职能——战略财务、业务财务和共享财务，各司其职，共同推动企业向更高效益转型。战略财务负责处理企业层面的控制和管理问题，确保企业战略的顺利执行；业务财务专注于通过全价值链的财务管理，实现企业财务目标，支持业务的量化管理和决策；共享财务承担财务操作中的重复性和同质化任务，通过标准化管理和优化基础业务处理，提升管理效率。

　　财务支持作用的扩展包括投融资、资产管理、税收筹划、成本控制、供应链和资金理财等方面，这些都直接为业务增效、降本和提质创造了量化价值。通过这样的财务管理创新，企业能够确保内部控制的有效性，在市场中保持竞争力，实现可持续发展。随着企业对财务职能的不断重构，基于共享财务的服务模式成为现实，企业能够更有效地分配财务资源，实现战略目标，加强业务运营的财务支持，并确保财务操作的高效和规范。基于企业战略的财务支持服务模块路径如图4-1所示。

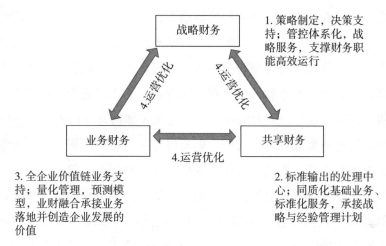

图4-1　基于企业战略的财务支持服务模块路径

　　在全面部署战略财务工作时，企业需要采用数字化的思维模式来界定和评估财务管理职能及企业价值，这涉及使用数字化逻辑来设定和追踪企业价值的关键指标。随着业务需求的演变，财务管理的内容应作出相应调整，更深入地参与业务流程。利用大数据技术可以提升财务工作的标准化和流程化，实现财务职能的模块化，使之更好地服务于具体的业务需求，以提升财务人员的管理技能，提高整体的工作效率和质量。通过参与跨企业的财务管理交流和资源共享，进一步优化财务支持服务。

　　随着商业环境的快速变化和新商业模式的推动，财务部门正经历一场深刻的变革，其功能不局限于传统的会计和控制角色，而是扩展到整个企业的数据和智能化转型。在这个过程中，财务部门除支持业务运作外，还为企业的数据架构提供必要的数智化转型支持和标准设定，这种变化使得财务的量化分析和资产确认成为企业数据管理的核心。新时期的财务实现了业务流程的集成化、标准化和流程化，通过现代信息技术，如云计算和大数据，增强了其在业务执行、审批、预算管理及风险控制等方面的集成共享功能。

科技的进步使得财务和业务管理的融合成为可能，这一点在网络计算机技术和管理工作的集成共享中表现得尤为明显。财务部门需要构建一个统一的信息管理体系，将财务管理与业务操作无缝集成，以实现更高效的资源利用和决策支持。在数字化资产管理的推动下，企业的财务、业务及战略规划正在快速融合，从顶层设计到实际执行，所有环节需要保持同步。为此，建立数字资产库和信息数据库变得至关重要，借此可以加快企业内部信息的流通和共享，实现高效财务和业务管理。随着技术的不断进步，这已不再是一个可选项，而是企业必须面对的挑战，关键在于如何有效地实现这一目标。

在当前的财务集成共享模式中，企业财务工作不再局限于传统的凭证制作和财务报表的生成，而是围绕项目数据展开，利用人工智能技术（如财务机器人）来自动化处理重复性高的基础财务任务。除了自动化生成凭证和传输至核算系统，财务工作的范围已拓展至包括利用云计算技术的财务云平台。这些平台支持网上报账、业务操作和资金结算等，实现了业务和运营管理的全面集成，显著提升了企业财务管理的效率和效能。

通过大数据技术的支持，企业财务能够保证总账报表编制的及时性和准确性，有效地实施全面预算管理。企业可以根据需要生成多维度的财务报告，实现智能分析结果的可视化，以更好地支持决策制定。报表个性化通过平台或系统的集成共享来实现，不仅包括法定报表的编制，还涵盖对企业运营和投资项目的深入分析。物联网等技术的应用则确保了数据捕捉和分析的高效性。随着企业流程的持续标准化，业务与财务的接口同样趋向标准化。从操作层面看，内部财务的常规任务已实现分类和模块化处理，低效或非标准的财务模块也开始外包，这一策略显著提高了财务部门的工作效率，加快了整体业务的响应速度。

财务集成共享的核心理念在于整合企业的业务流程、财务管理及总体管理策略，建立一个以业务驱动为核心的一体化财务信息处理系统。此系统将财务数据与业务操作无缝连接，确保信息的一致性和实时性。在这种模式下，企业将财务操作层面划分为财务共享平台和财务业务平台两个主要层次，并进一步进行模块化处理。例如，财务共享平台涵盖财务核算、资金管理、费用报销及资产管理等关键系统，财务业务平台则包括税务管理、各类管理及法定报表系统等，同时包括必要的支持和决策系统。

采用这种模块化和标准化的方法，企业能够更有效地整理、处理和集成数据，确保信息流通和解决方案的迅速实施。这样的系统设计加快了对业务问题的响应速度，强化了财务管理在价值转化中的作用。在数据中台和基础支撑系统的赋能下，财务部门能够提供战略指导和决策支持，深化对业务和财务流程的理解和掌控。通过共享业务标准，实现对基础业务流程的统一处理和优化。财务功能在运营管理、价值创造及数字化转型方面的效率和效果显著提升，最终在企业内部构建一个高效、响应灵活的财务管理体系。

财务集成共享模式依托于强大的财务中台支持，利用科技的力量将人力、财力和物力资源进行有效整合。通过对资金流、物流和管理流的系统连接，打破了传统的信息孤岛状态，促进资源的全面共享。基本逻辑是在财务中台的驱动下，实现数据资源的复用和标准化，进而自动化财务业务处理。这种整合不仅包括业务处理、财务核算、财务管理，还涉及资产确认和量化等方面，最终形成一个集中显示企业运营状态的全局化、直观化、可视化的数据分析和预警系统。通过这一系统，企业能够在财务管理层面实现业务驱动的战略快速、准确地响应，确保业务与财务的高效融合。

在操作层面，该系统根据不同业务事件的特点，进行数据的筛选和应用，以满足多样化的需求。当具体业务活动发生时，系统按照预设的事件驱动流程自动执行，记录并上传相关数据。此外，系统会根据不同的单据类型和业务流程规则，将数据集中存储于后端数据库中，当信息被需求时，经授权的用户可以通过系统引擎，轻松访问并获取经过整理的信息，这提高了数据处理的自由度和效率，也使得企业能够实时监控并控制经营活动，有效地发挥财务控制的核心职能，支持企业战略的实施和业务的发展。这种集成共享的财务模式标志着企业管理向更高效、透明和集成的方向发展，为企业带来更大的竞争优势和操作灵活性。

数据中台的支持使财务系统得以更加标准化和自动化，有效支持财务后台的集成化和优化迭代，加快实现财务操作的高效和精准。这种集成共享的财务功能响应了业务的快速变化需求，是企业战略实施的强大支柱。在这种架构下，财务集成主要体现在数据的集中处理和标准输出上，确保全企业范围内管理和信息维度的统一。数据中台作为信息的汇聚核心，整合了企业内外的关键数据，还通过标准化的数据输出，促进了财务共享平台的架构和信息元素的一致性，提升了企业决策的效率和准确性。

从财务预算控制的视角来看，实现全面的预算管理涉及全过程和全周期的精细化管理，这通过一个集成的预算管理控制平台来实现。该平台将目标设定、预算编制、预算控制、预算分析、滚动预测及考核评价整合成一个封闭的、循环的系统，有效地实现预算的全面控制。在这个系统中，年度预算指标通过集成化预算系统和平台得以精确执行，确保了业务的系统性控制和预算的精准管理。

在企业的数据中台架构下，财务中台作为一个关键的业务处理枢纽，包括财务共享平台和财务业务平台两大部分。财务共享平台负责资金管理、预算控制、财务核算及金税等核心财务操作，财务业务平台则涉及商务旅行、人力资源和资产管理等领域。这种中台系统是模块化应用的实现，是企业日常经济活动记录和经济信息处理的中心环节。

数据中台在聚合和分析数据方面起着至关重要的作用，将业务端生成的各类经济交易信息进行集成处理，之后这些信息可以通过共享系统传递。这解决了包括报账、外部报告及内部分析在内的多种输出需求。这个系统还支持智能化处理，如年度和部门预算信息的自动导入，使企业能够实时监控和比较不同时间段内的预算执行情况，进行偏差分析并发出预警。

财务中台的集成共享功能扩展到了企业决策支持。财务管理人员可以利用这一系统对产品销售情况进行深入分析，并据此制订未来的经营计划。系统的高度集成性使得资产量化和业绩评估更加迅速和精确，包括资产价值的确认、资产性质的快速量化评估及数字资产价值的及时更新。通过模拟测算和财务模型的应用，企业可以完善新产品的采购、成本和销售策略，并根据得到的量化指标进行绩效评估。这种集成共享系统的高效运用为企业提供了一个强大的工具，以便企业及时调整预算规划和优化资源配置，以实现企业的战略目标和满足日常运营需求。

二、业财集成共享的内涵

企业在推动财务数字化转型的过程中，依托财务系统作为数字信息的核心载体，这涉及数据的搜集、处理、存储、管理及分析。这些步骤使信息标准化并进行输出与分享，实现财务信息的数字化赋能。企业通过建立财务中台来进行组织重构和流程优化以及运营模式的创新。财务共享服务作为实现这一目标的重要手段，通过其专业化、标准化和流程化，确保财务系统的完整性和效率，进而推动以数据驱动的管理模式转型。

在业财融合方面，企业通过构建基于IT的支撑环境（如网络、数据库和软件管理平台），采取一系列措施，将财务与业务管理流程进行有效整合。这一整合基于业务事务，形成一个集成的财务信息管理应用流程。此流程的构建依赖于资源共享数据库和会计动态处理平台以及专家系统来设计和构建业财融合管理平台。

要实现业财融合的有效推进，企业必须关注两个关键步骤：第一，对所有业务流程和财务数据处理进行规范化，重新重构内部业务流程；第二，调整会计实际工作流程，这一环节是业财融合中最具价值体现的部分。从收支凭证的编制到账本的登记，再到报表的生成和财务信息的可视化处理，这些环节相互关联，是打破传统孤立型财务管理的关键，成为企业实施业财融合的重点。

在企业实施业财融合策略时，核心关注点应是对业务流程的重构，目的是满足客户需求。财务一体化战略采用主数据系统作为核心信息载体，预算管理系统则作为控制核心，确保财务信息的及时输出与业务交易的处理。此外，借助数据中台的赋能，财务中台加强了 ERP 和报表管理系统的集成性，并通过共享功能解决了信息孤岛的问题，通过财务量化提升了企业管理的全周期效能。

虽然财务集成共享模式的目标已明确，但如何快速优化和迭代此模式、如何实现一体化赋能以满足业务需求，以及财务集成共享的基础在哪里，仍需详细探讨。从财务集成共享的特性和企业数据中台的赋能特点出发，财务中台的构建至关重要，它提供了两个共享业务中台系统，通过业财数据中台子系统的支持，形成了一个新型的数字化共享财务与业务财务管理模式。

共享业务中台模式助力企业财务数字化转型架构如图 4-2 所示。

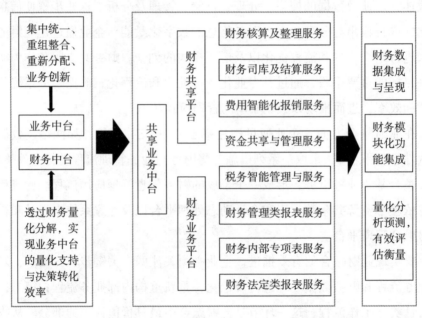

图 4-2　共享业务中台模式助力企业财务数字化转型架构

从子战略的视角出发，财务中台的技术输出显著推动了中台支持的实施以及财务后台的共享财务与业务财务的执行。这一策略有效促进了经营决策支持、财务战略与发展规划的制定、财务管理制度规范和政策的设立、预算编制管理的统筹、资金与投融资管理、风险控制与绩效管理、股权及资产管理及税务筹划等关键环节的实现。

　　财务共享业务中台通过其输出一方面提供执行和监督功能，另一方面服务于整个财务管理体系。这个平台从两个主要角度进行操作：财务业务平台和财务共享平台。它帮助建立和执行会计核算标准体系及相关管理实施办法，规范会计流程和操作规范，制定操作手册，组织会计的集中核算，编制会计报表，进行财务分析，执行预算，实施财务监督及资金安全检查。财务共享服务中心负责信息化系统的开发、建设、运行维护及日常管理，会计档案的整理装订保管，以及政策文件资料的收集汇编、对外报送和外部检查等工作。开展企业内部和外部的财务审计、税务和其他专项检查工作也是这一平台的重要职能。

　　从业务分析的角度看，共享业务中台系统为业务部门提供了强大的赋能支持。业财一体化系统作为一个不断迭代的产品，必须持续适应业务部门需求的变化。通过业财数据中台的输出及转化，系统能够实现与业务部门的有效沟通和反馈，深入业务一线，渗透业务过程，为业务单元提供决策支持，帮助管控业务运营中的风险，并支持业务单元的规划、预算和预测工作；负责投资分析、成本费用分析、营利性分析及其他财务分析，以及业务资产及产权管理、业务与税务的对接和专题经营管理报表的编制；功能包括所在地的核算财务支持，如交易处理、税务申报、备用金拨付和证据链附件扫描等。

　　共享业财数据中台模式助力企业财务数字化转型整体架构如图4-3所示。

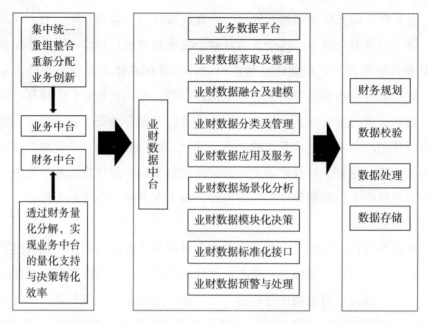

图 4-3　共享业财数据中台模式助力企业财务数字化转型架构

业财一体化系统通过其集成和共享特征，显著促进了财务与业务的融合及财务管理的价值化，这为企业从财务层面扩展到顶层战略设计的实施奠定了坚实的基础。系统的这种集成共享特性解决了业财融合、财技融合、财管融合、财资融合等关键赋能问题，而且通过整合各财务资金相关流程，实现了财务工作的全循环，包括员工费用报销、人力资源与薪资管理、生产、销售至收款、登记总账至报表制作、资金流转、管理会计、固定资产管理及采购至付款等企业核心业务流程的整合。

在财务集成共享的支撑下，财务管理部门能够为企业的各个层面提供系统化的收支服务，同时为全企业范围内的员工提供精准的分析和决策支持。在企业决策层面，系统的战略财务功能能有效提供策略指导和决策支持；在业务支持的财务管理层面，财务部门通过对业务的量化分析、统计及数据汇总，确保了业务财务执行的高效性；在企业共享服务层面，系统根据标准化与复用的原则，确保了业务支持的准确性和及时性，并显著提升了共享财务标准化业务的执行效率、增强了执行效果。

第二节　企业财务集成共享工具与顶层架构

一、企业财务集成共享工具

（一）RPA

在财务共享服务管理模式中，机器人流程自动化（RPA）系统通过模拟最终用户的手动计算机操作，实现了财务操作流程的自动化。该系统尤其适合于处理大量简单、重复并且容易标准化的财务任务。这些任务被集中在财务共享服务中心进行统一处理，进而为财务机器人提供了一个理想的操作环境。关于 RPA 的基本知识及其在业财融合中的应用，第三章第三节已做了详细论述，故此处不再赘述。

（二）API

应用程序接口（Application Programming Interface，API）是一种软件交互的预设方式，它允许开发者通过已定义的函数或 HTTP 接口等，无须深入源码或理解底层逻辑，就能访问某软件或硬件系统的特定功能。API 作为软件组件间的沟通桥梁，简化了开发过程中的复杂性，使得不同软件之间可以方便地共享功能。

在现实生活中，经常遇到类似 API 的场景。例如，当计算机需要访问手机内的数据时，人们通常会用数据线将两者进行连接。在这种情况下，连接计算机和手机的数据线接口，实际上就扮演了 API 的角色。然而，这只是一个形象的比喻，要深入理解 API 的本质，可以通过一个简单的故事。可以想象一下，有两位软件开发者：开发者 A 和开发者 B。开发者 A 已经开发了软件 A，而开发者 B 正在开发软件 B。某一天，开发者 B 希望利用软件 A 中的某些功能，但他不希望重新审阅整个软件 A 的源码或复杂的功能实现过程。为了解决这个问题，开发者 A 决定将开发者 B 需要的功能封装成一个简单的函数，并提供一个清晰的使用说明。这样，开发者 B 只需将这个函数集成到软件 B 中，即可无缝使用这些功能。在这个故事中，开发者 A 提供的函数就是一个 API，它允许软件 B 以最小的努力，实现对软件 A 功能的直接调用。

API 技术在财务领域的应用极具变革性。它使得开放系统间的集成成为可能，并且在多种场景中展示了其价值。例如，企业可以通过集成标准化的 API 接口实现与银行的直接连接，进而自动化地处理收款、付款和对账等全套流程；通过调用专门的发票查验 API，能直接与税务局系统对接，进行发票的真伪验证、查重处理，并获取发票的详尽信息。在当今银行业，为了应对不断变化的监管需求并满足客户对数字服务的期待，银行正采取开放战略。在这一战略中，API 发挥着中心作用，使金融机构能够将传统资产与最新的技术创新相结合，快速且高效地在其合作生态中开发新的应用程序，保持业务的敏捷性和竞争力。

（三）OCR

光学字符识别（OCR）技术，通过扫描或拍摄方式将票据、报刊、书籍及其他印刷品的文字信息转换成图像形式，再通过文字识别技术将这些图像信息转化为可供计算机处理的文字输入。[①] 简单来说，OCR 技术分析并处理文本资料的图像文件，提取其中的文字及版面信息，实现图像中文字的识别，并以文本格式返回。该过程包括图像输入、系统预处理、文字检测和识别，最终成功输出文本。

在财务管理系统的构建中，OCR 技术非常关键，尤其是从企业可持续发展的角度考虑。一个健全的财务管理系统对于促进企业的整体发展和提高经济效益发挥着重要作用。企业在日常运营中需要处理众多财务相关任务，如财务核算、成本核算、经营和专项分析、现金流量表的编制及利润统计

---

① 张能鲲，张军 . 业财一体化：从应用路径到顶层战略规划 [M]. 北京：机械工业出版社，2023：150.

等。在这些任务中，发票管理作为记录商品销售和营业收入的重要环节，如何高效处理和管理大量的纸质发票成为提高财务工作效率的关键。纸质发票虽然广泛使用，但它们易于损坏、占用存储空间，并且查找和翻阅不便。无论是处理增值税专用发票、普通发票还是电子发票，企业都需要确保这些文档的完整性和可访问性。应用 OCR 技术能够有效地对这些发票进行数字化管理，从而积极应对传统纸质发票管理面临的挑战。

作为人工智能领域的重要组成部分，OCR 技术在多个行业中扮演着越来越关键的角色。在财务管理系统中，OCR 的应用尤为显著。特别是在发票识别方面，它能有效填补许多管理上的漏洞和消除弊端。例如，通过使用如奥普快票通等工具，对大量的纸质发票进行扫描和识别，并快速转换成可编辑的电子文档格式。这一过程平稳高效，而且在确保高精度识别的同时，轻松实现大量纸质发票的电子化。

OCR 技术结合了先进的软件和硬件资源，保障了纸质发票的快速扫描和高精度识别。该技术已被广泛应用于互联网和财务工作领域，涵盖丰富的应用场景。在智能财务单据识别方面，OCR 能够处理各种类型的文档，包括制式单据、证照类单据及非制式单据。在制式单据方面，包括增值税专用发票、增值税普通发票、电子发票、定额发票、火车票、出租车票、行程单等；在证照类单据方面，OCR 可以识别身份证、车辆行驶证、快递单、保险单、营业执照等；在非制式单据方面，包括费用清单、入库单、出库单、收货确认单、签名表、预算审批表、各类说明、合同协议、方案、会议培训通知、缴费通知、判决调解书、OA 签报、手工签报、竣工验收单、实物与现场照片、差旅明细表、预提单、邮件截图和报税证明等。

（四）NLP

自然语言处理（Natural Language Processing，NLP）是计算机科学和人工智能领域的关键发展方向，其主要目标是使计算机能够理解和处理人类的自然语言。简言之，NLP 的核心任务是让计算机掌握人类的语言技能。这项技术已经无声无息地融入人们的日常生活。无论是语音输入和中英文翻译功能，还是智能语音助手，甚至包括垃圾邮件过滤和自动语音推销电话等应用，都是 NLP 技术的实际表现。

在财务领域，NLP 技术显示出其独特的价值，尤其在以下两个方面表现突出：

1. NLP 技术可以辅助进行业务报账的合理性和合规性检查

在有些情况下，一些报销人员可能不完全熟悉公司的报销政策，导致提交一些不符合规定的报销内容。针对这种情况，传统的技术手段难以识别，通常需要人工进行审核。但是，利用 NLP 的文本分类算法，可以有效地识别这类问题。通过对 AI 算法的训练，系统可以自动理解哪些报销行为是不合规的，并进行自动分析与预警。

2. NLP 技术可以辅助审核商务合同

当企业获得一份新的合同时，财务部门需要对合同内容进行详细审查。这通常包括对合同中苛刻条款的识别，如严格的付款条件、不合理的惩罚条款、缺少的重要支付账户信息等。这些细致的审核工作传统上依赖人工完成，但随着 NLP 技术的应用，企业可以通过数据标注和算法训练让计算机学习和理解不同的合同语言模式。经过充分的训练，计算机能够协助财务人员对合同文本进行仔细的检查和复核，并提出专业的审核意见。

（五）KG

知识图谱（Knowledge Graph，KG）是一种图形化的数据结构。它以语义网络的形式组织信息，其中的节点（点）代表现实世界中的实体，边（连线）则表示实体之间的关系。这种结构使知识图谱成为表达复杂关系的极佳方式。知识图谱将各种异质信息串联成一个庞大的关系网络。从本质上讲，知识图谱通过关系网格提供了一种全新的分析问题的视角，具备学习和推理知识的核心能力，是推动机器认知智能化的关键技术。

相对于传统的数据库技术，知识图谱在构建复杂关系网络和执行关联查询方面显示出更高的效率，能够在庞大的数据之中集中挖掘价值，特别适用于如供应商关系管理等复杂的关联关系。在智能化管理方面，知识图谱的应用可以显著提高决策效率和精度。现代企业在人员、事件、财务、产业、教育和研发等多个方面面临提升产出、降低成本和优化效率的需求。虽然大多数企业已经进行了基本的信息化改造，但要真正实现这些目标，引入现代化的人工智能技术，特别是知识图谱技术，尤为关键。通过应用知识图谱，企业能够更有效地管理和利用现有数据，为决策提供强有力的支持，最终在激烈的市场竞争中占据优势。

下面列举几个知识图谱在典型企业服务中的应用：

1. 营销决策领域

企业面对的挑战是如何高效处理和分析在复杂流通渠道中产生的庞大数据，尤其是当产品通过多级经销商和批发商流向成千上万的终端客户时，手动汇总和核对这些大部分非标准化的销售数据变得异常艰巨。此外，营销决策除需要汇总内部销售数据外，还涉及与竞品的数据比对以及对消费者行为的深入分析。在这种情况下，传统的数据处理方法往往力不从心，而知识图谱技术可以对这些海量的非结构化数据进行精细化的分析和挖掘，为营销策略的制定提供科学的数据支持。

2. 供应链优化方面

企业在生产商品的过程中，需要采购各式各样的原材料、辅料和半成品。这一过程中的主要问题是如何实现高效的集中采购、如何筛选出性价比最高的供应商、如何实时掌握供应商的动态。知识图谱技术通过自动化搜集和比对各种原材料和辅料在不同电商平台和渠道的价格与销量信息，自动分析招投标文件来识别市场上的优质供应商，甚至可以整合不同工厂及不同ERP系统中的数据，统一原材料和辅料的分类体系，从而提高采购效率和进行成本控制。

3. 客户服务领域

知识图谱技术发挥着关键作用，无论是在销售前筛选潜在客户、销售中与意向客户的交互，还是销售后对客户满意度的分析。通过构建与品牌和产品属性相关的知识图谱，企业可以进行深度的语义分析，以理解客户的真实意图和需求。例如，企业可以搜集社交论坛中的用户发言，识别出对产品有潜在购买意向的客户，并进行标志记录；对呼叫中心的通话录音或店员与客户的互动进行语义分析，确保销售人员遵循培训指南进行推销，及时响应和满足客户需求，以优化客户体验和提高服务质量。

4. 产品研发领域

知识图谱技术的应用展示了其强大的信息处理和分析能力。通常情况下，研发团队需要深入研究大量的文档资料，如专利文献、用户档案、产品评价和说明手册等，以提取关键的知识点进行深入分析和统计。以药品研发为例，通过知识图谱技术，研发人员能够从数千份病历中提取关键信息，如病人基本信息、用药记录、服药效果及症状描述等，并对这些数据进行综合分析和统计，以指导新药的开发。同样，在保健产品开发中，知识图谱同样能够分析和统计来自互联网的用户反馈，精确捕捉不同用户群体对各种产品功能的态度，为基于消费者直接反馈的定制化生产（C2M）提供了数据支持。

5. 财务、税务和法务领域

知识图谱结合认知计算技术同样显示出其不可替代的价值。在这些领域中，处理的专业文档数量庞大，且对精确性的要求极高。例如，在合同管理中，知识图谱能够快速识别客户合同与公司标准合同模板之间的差异，并突出显示关键的修改点。在销售管理方面，知识图谱可以迅速统计销售数据，并与库存管理系统中的数据进行对比核对，准确计算应返还渠道代理商的返点，确保返点的及时和准确性；可以在财务记录创建中大放异彩，它可以根据合同内容快速生成财务记录，自动填写账目并附上必要的凭证；可以自动搜集和分析政府发布的最新政策文件，帮助企业快速找到适合自身的税收优惠和政府扶持政策。

（六）AI

人工智能（AI）主要是通过编程常规计算机程序来模拟人类智能的一种技术。在财务部门，人工智能的引入极大地增强了数据的采集和处理能力，促进了业财数据的整合和深度应用，推动了企业运营方式的转型与升级，实现了管理流程的智能化改造。这些技术革新为企业的智能化和数字化转型提供了坚实基础。通过应用 AI，企业能够深入反思并重新设计业务流程，且现代化的业务流程管理手段能够打破传统的职能型组织结构，通过技术的集成，最大化地提升业务流程的效能和效率。关于 AI 技术在业财融合中的应用，在第三章第五节中已做论述，此处不再赘述。

（七）区块链

区块链技术，一种借助密码学保障安全的记账技术，由多个参与方共同维护，特点包括数据一致性存储、高度安全、分布式存储、去中心化、不可篡改性及数据可追溯性。这些特性为业财融合中的应用提供了强有力的技术支持，为企业内部业务流程的优化、信息系统的整合及组织结构的转型开辟了新道路。将区块链技术融入业财运作，可以极大地强化业财融合，实现业财一体化。区块链技术允许企业将每个网络节点整合进内部信息收发网络，确保每一笔分公司的交易数据都能即时按区块的模式处理和传递。所有数据一旦记录在同一区块链上，即刻被系统识别和存档，确保信息的透明度和连续性。随着新的交易发生，数据将持续记录在此链条上，确保历史数据的完整性和串联性。利用区块链技术不会增加额外的工作量，反而可以有效解决在传统财务共享服务中心（Financial Shared Service Center，FSSC）操作中遇到的大量数据处理、烦琐的数据整理和数据上传的困难。

在企业的业务活动中，每项活动的发生都需要及时地通过内外部凭证上传至 FSSC，每个业务环节也在区块链中以链接的形式进行广播，直到所有信息准确无误地传达到 FSSC。以销售业务为例，从接受采购申请、确认购销协议的初始步骤开始，所有信息都会被盖上时间戳并广播到企业内部的网络端口（这些端口分布于集团及其在全国各地的子公司、分公司的财务部门和供产销部门，确保数据的全透明监管）。随着后续的收款、发货等业务活动的发生，多个时间戳覆盖的区块链将逐步形成，从而构建出一条完整的分布式记账链。这样，销售业务的各个细节都能够被及时且完整地记录在 FSSC。

区块链技术的运用使得销售合同和出库单等文档会在相应部门之间进行

确认和流转,最终汇总到 FSSC,而且 FSSC 的职能也得以拓宽,不再局限于处理财务部门的费用报销和总账等任务。现在,FSSC 的功能扩展到了包括供应商和客户信息管理、生产成本管理在内的多个领域,确保业务信息与财务信息的一致性和整合化。

区块链技术的引入能有效解决在建立财务共享服务中心时放弃旧系统、硬件置换成本高昂的问题,提高财务数据交换过程中的安全性、完整性、对称性,加快处理速度。为了充分挖掘区块链技术在财务共享服务中心的应用潜力,需要财务专业人员和计算机技术人员的共同努力,以实现业财的深度融合和优化。具体可以从以下几个方面着手:

1. 应用于业务流程中,对业务操作进行全程跟踪,促进业务流程的全面重构

虽然传统的信息系统能够整合和集中处理各业务流程产生的信息,但在物流配送阶段的即时和精确信息采集方面仍面临挑战。随着物联网和 5G 技术的广泛应用,企业可以实现配送过程中业务流程的智能化,加速了业务信息的采集,增强了物流跟踪的能力。区块链技术,以其全程可追溯和不可篡改的核心特性,为业务流程提供了强有力的支持。企业将区块链技术融入业务流程后,能够对每一环节的业务操作进行无缝监控和即时记录。这种智慧业务流程支持自动采集业务信息、自动处理会计账务,并实时监控业务操作,极大地提高了操作的透明度和效率。智慧业务流程使得企业能够实时跟踪不同区域、不同位置的业务活动,确保业务流程的每一个重复环节和冗余过程都被有效识别和简化,推动了业务流程的优化和再造。智慧业务流程的实施涉及业务信息的自动采集、加工和输出,覆盖从输入到输出的整个业务流程:在输入环节,再造的目的是简化会计信息的采集工作,实现信息的无纸化传递和自动化获取;在加工环节,再造的目标是加速会计处理过程,实现从会计凭证到账簿、报表的自动生成;在输出环节,再造努力实现企业业务分析信息的自动生成和直观展示,从而为决策提供及时、准确的支持。

通过将区块链技术深度融合入业务流程中,企业得以实施基于区块链的分布式记账系统。在这种系统中,所有参与实体共享一套公共账簿,共同进行维护和记账活动。在此模式下，每个操作节点都平等地享有记账和保管的权利，所有的业务联系无须额外授权即可自由进行，信息在得到共识机制的认可后自动传递至下一个节点。业务完成之后，相关的业务信息和原始凭证上传到会计链上，通过加工处理后即可完成区块记账。这一过程显著简化了流程节点，优化了沟通接口，有效减少了业务与财务部门之间沟通的复杂性。在区块链系统中，每个业务活动的完成和记账行为都会生成一个新的区块，并自动添加时间戳进行排序。时间戳是一种可验证的数据，标记数据在特定时间点的存在，一旦发生任何恶意窜改，系统将迅速侦测并响应，确保了记账活动的真实性和准确性。

2. 提升新系统功能，打破业财融合中的信息壁垒，扩展业财数据应用边界

区块链技术的多样性，如公有链、联盟链与私有链，为企业提供了不同的选择，以便根据需求和参与方式进行优化配置。通过采用公有链或联盟链，企业能将其内部信息系统与外部企业信息系统实现无缝连接与互通，扩展业务数据的边界。这种技术实施既可以加强会计与业务流程的内部整合，又能促进信息的畅通无阻，扩大企业对外的信息共享范围，实现与外部供应商及其他利益相关方的数据互联。在区块链环境下，各企业在进行交易时，可以将交易的原始数据直接通过区块链节点更新到在线的公共账簿上，实现与外部实体的数据共享，帮助企业获取更丰富的外部业务信息，并为业务部门的客观评估提供强有力的数据支持。随着区块链应用的普及，企业内的任何业务操作都可在区块链节点上保留详细的交易信息及其他相关数据。这些数据是不可窜改的，并被分散存储在网络的各个部分。一旦财务人员获得相应的查询授权，他们就可以直接在计算机终端查询相关交易数据，无须再与业务部门进行沟通或核对业务信息，大幅提高了财务工作的效率和数据处理的安全性。

区块链加密技术显著增强了业财数据的安全性。这种技术的加密特性主要包括两个方向的隐私保护：一是保护传输网络的隐私；二是确保交易内容的隐私。在传输网络的隐私保护方面，通过在具备隐私保护特性的网络上运行区块链系统，阻止攻击者通过分析网络拓扑来窃取隐私信息。在交易内容的隐私保护方面，结合使用了混币、环签名、零知识证明等技术来保护交易隐私，同时应用同态加密和安全多方计算等方法来保护内容隐私。

3.将技术融入组织转型，重塑业财融合的信任基础

通过整合区块链技术的信息系统，财务部门能即时获取业务信息并为决策提供支持，这极大地促进了财务与业务部门之间的协同合作。这种技术的应用拉近了部门间的距离，转变了他们之间传统的监管关系为更加基于协作的关系，有效地增强了彼此的信任，为业财融合奠定了新的信任基础。

（1）人人记账模式。该模式与传统的"一人记账、专人处理"的模式形成鲜明对比。这种方式实现了账务处理的去中心化，核算节点从后端财务环节前移到业务环节。在这种模式中，任何业务经办人员，一旦通过确认，便可获得记账资格并承担相应的记账责任。经过实名认证的业务经办人员成为特定分类账簿的节点用户，他们通过接受必要的培训来掌握基础的财务知识，能够同时处理业务和财务记录。若企业进一步采纳财务共享服务模式，员工需熟悉业务流程，了解财务操作，实现财务管控与业务操作的无缝对接和动态互动。这种整合不只基于业务部门的视角来持续优化流程，还通过业财联席会议、业财项目合作等多种沟通机制来加强协作。

（2）智慧合约应用。智慧合约作为建立在区块链技术之上的自动执行协议，通过信息化手段实现合同的传播、验证和执行。企业通过将智慧合约部署于区块链上，能够将合约条款直接编码至交易数据库中，并确保这些条款在没有第三方介入的情况下自动执行，使交易过程可追踪且不可窜改。智慧合约一旦部署后便不可更改，这种不变性为企业提供了"匿名信用"的可能，无须传统的信用调查即可建立信任。企业可以利用区块链平台直接在资本市场进行融资，去中心化的筹资方式缩短了筹资时间，降低了成本，减少了财务部门在融资尽职调查过程中对业务部门的干扰。智慧合约的应用有助于减少企业在外部交易、融资和投资中对业务部门的风险监控需求，降低了业务与财务部门间的沟通成本。通过自动化交易和智慧合约的透明性，财务部门与业务部门之间的信任得到加强，这为业财融合提供了坚实的信任基础。

二、企业财务集成共享的顶层架构

在推行财务集成模式时，一个完善的集成平台是关键，这要求平台内嵌和共享各种必需的子系统。为了实现高效的财务集成，关键的子系统包括财务数据中台、ERP核算系统、合并报表管理系统、资金管理系统和财务服务中心系统等。这些系统的集成和协调操作是业财流程和数据整合的基础。通过中台的数字化和标准化功能，强化了这一集成效果。

这种集成策略优化了业务表单、财务凭证和财务报表的协同工作，使得报账、资金和税务业务能够相互关联和同步进行。在这种框架下，传统的ERP系统得以升级，能够自动化地读取数据，生成相应的会计凭证和财务报表，同时通过数据的相关性分析，支持财务汇总和分析。至于财务集成功能中最基本的核算功能，主要是通过ERP系统实现的。财务ERP，作为一个基于信息技术的企业资源规划系统，支持财务各项功能的实现。在财务部门进行模块化分工后，财务ERP系统可以有效支持信息处理，并通过智能化的标准化共享中心模块，提高财务管理的集成效率。具体如下：

（1）ERP系统在会计核算方面通过自动化生成票据和凭证、多维数据存储和检索及快速核对财务信息，显著提升了核算效率。标准化的流程减少了重复数据的输入，避免了数据的失真和遗漏，从而确保了会计核算的准确性和可靠性。

（2）在财务预测功能方面，ERP系统集成了多种财务预测模型，能够利用历史数据和当前动态数据来预测企业的市场环境、财务状况、资金需求、成本和收益等。这些模拟结果为企业管理层提供了科学的决策支持，有助于他们制定符合未来运营需求的管理策略。

（3）对于成本控制，ERP系统提供了详尽的订单成本结算和操作规范流程。系统能实时更新并分析订单成本数据，加强对订单和项目成本的监控，及时发现任何成本异常，确保企业业务活动的高效和有序执行。

（4）在资金管理方面，ERP系统能够精确地监控资产的增减变动，通过有效管理存量资产和控制新增资产，整合实物资产管理与资金管理，全面提升企业资产管理的效益。

（5）ERP 系统通过再造和优化企业业务流程，标准化员工的工作行为，极大地提高了企业的操作效率。该系统采用的扁平化管理模式显著加快了企业对市场变化的快速响应能力，提升了整体组织运行的效率。

（6）在财务报表编制方面，ERP 系统的自动生成和核对功能，使得企业能够方便地制作月度、季度和年度报表。这不仅减轻了财务管理人员在报表编制上的工作负担，降低了相关成本，还提高了报表的编制质量。由此，财务人员能更深入地完成财务报表分析和管理任务。

财务集成系统基于 ERP 模式的实施，涵盖了合并报表管理系统、资金管控系统及远程财务服务系统的集成，并对共享平台进行了有效融合。系统利用数字化的标准流程，通过建立一个包含完整流程和数据整合的应用软件，加大了企业的管控力度，实现了数据的标准化和流程的一体化，促进了决策的可视化和智能化。财务中台系统的集成模式如图 4-4 所示。

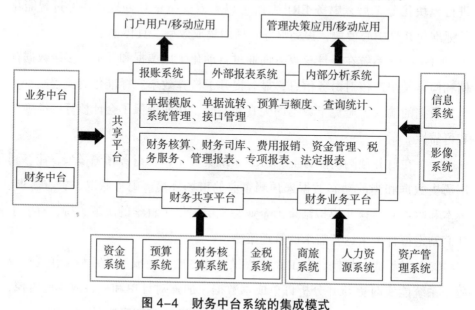

图 4-4　财务中台系统的集成模式

随着共享中心关键系统和模块的持续优化，每个模块的功能需要进一步完善接口标准和内容设计，确保基本功能和新增功能的实施，并改进接口与功能。通过与外部应用程序连接，财务集成系统能与外部门户用户建立起采购、营销等集成关系，实现采购及销售业务与财务系统的紧密关联。

在此基础上，财务集成的过程涉及构建业务中台支撑的业务前台合同系统与财务端口之间的集成关系，使得财务部门能及时获取合同信息，如付款条件和付款时间节点等关键数据。财务集成实现的共享平台与核算系统通过标准接口集成，解决了企业在资金平台的收支集成问题，并实现了付款指令的推送与收款信息的反向获取，涵盖了双向资金收支的关键信息。

财务中台系统通过与信息系统和影像系统的集成，实现了数字化影像的存储、调阅及凭证绑定，从而进行财务管理相关的查阅。财务集成平台具备影像关联、系统派工等功能，进一步实现了财务的智能化，包括智能化编制流程效率分析报告，通过平台同步费用项目校验预算的检查，实现外部链接资金系统付款回执信息的直联和影像关联和智联。这些功能能锁定收支款中的关键信息，如付款账号、付款人名称、付款金额、付款时间、付款状态等，有助于企业实施智能化财务管理和审核分析，解决检查、审计等智能化比对纠错问题。

在财务集成模式中，针对购销业务，系统可以进行税企直联，或设置相关接口，实现与税务机关发票信息的直联和传输。这包括实时的真伪查验、防重校验、进项税处理、发票校验、进度校验等，激活企业财务共享平台的采购、销售、成本等相关应用子模块，实现间接校验等功能。

财务中台系统通过与ERP接口的有效结合，为企业票据管理和服务器配置提供了全面的解决方案。随着ERP系统的迭代与升级，系统已优化了影像服务、真伪识别及发票管控流程，实现了数据的自动采集、自动核算以及档案的无纸化处理。此外，整个流程的扫描、连接和提请操作的自动化，极大地促进了以员工为中心的电子化方案的执行，有效地实现了发票的真伪辨别和批量处理，减少了重复操作，降低了人工成本，显著提高了财务部门的工作效率。

财务集成模式彻底改变了传统的费用报销流程。在这种模式下，普通员工可以通过移动设备和基于网络的应用程序进行自动化报销操作。审批流程也得以简化，通过移动审批和自助查询功能，自动完成费用报销额度和业务性质的审批，避免了传统的发票验真和金额审核中的重复工作。此外，对于人力密集且报销体量大的企业，通过与外部商旅平台的直接链接，可以有效解决个人垫资和贴票问题。审批者通过在线影像系统进行业务和财务审批，直接在线查看和比对相关材料，实现快速审批。基于云存储的线上模式，审批者能随时随地访问系统，审阅资料并作出决策。完成审批后，财务人员可以自动创建支付指令并同步生成会计凭证，借助税务系统和发票 OCR 技术，进一步完成发票的验真和防重工作，节约了大量时间和劳动力，系统性地降低了企业运营风险。在财务信息系统实现标准化和模块化之后，前端服务如费用补贴、商旅支持和采购支持等也可实现直接关联，增强了整体业务的连贯性。此外，日常活动如交通票务预订、费用管理、报表编制、企业审核及采购过程等均可通过系统实现关联审批和业务执行。系统中的追踪和留痕功能保证了运行过程的可追溯性，可以不断进行修正、转化和优化。

在财务集成模式下，企业数据标准化得以深入发展，涵盖业务前台数据的标准化与复用，这种模式使财务数据的沉淀、积累、分类和复用成为可能，促使企业财务部门的记录扩展到对企业业务经营管理数据的深入挖掘和有效利用。

随着数字化转型的深化，财务集成模式通过持续采用数字化工具，将应用程序嵌入智能管理会计和智能数据分析。此外，结合企业应用的管理平台，如各类数据库和云服务（包括公有云、私有云和混合这几类云基础设施），财务集成模式极大地增强了智能管理会计的功能转化。智能共享服务和转化的模块化是构建这一系统的基础，数字化和模块化的深入应用则是保障业务与财务流程通畅的关键。这种集成化的处理方式提高了管理效率，而且通过整合企业的商旅、费用报销、发票处理及内生式管理报表等问题，进一步拓展了数字化转型的深度。随后，企业可以通过云服务平台（PaaS）底层能力的微服务化，不断推动财务管理的数字化转化，有效提升管理的质量和效率。

　　在已有基础上，企业可进一步深化智能财务的应用，扩展其功能。除了加强商旅、供应商和销售商之间的协同，还可以将单据、会计记录、业务流程、规则和专业知识有效地整合至财务机器人系统，如RPA（机器人流程自动化）。利用共享云服务，企业可以实现员工、订单、凭证等信息的整合，通过分级授权逻辑，全部集成进财务共享服务中心。这样的业财一体化实际上是一个从核心业务到辅助业务，再扩展到发票处理、费用报销、财务报表等智能化操作的持续迭代过程。在构建的这个数字化业务逻辑下，由财务反哺业务并支持业务实际落地的有效平台，显著解决了许多效率和效能问题。在费用管理方面，除了智能商旅系统，还能通过系统集成，将人力资源从烦琐的费用审核工作中解放出来，实现费用的智能化审核。

　　智能审核平台通过将企业内部的规范化和标准化审核规则编入系统，实现了自动化的单据审核流程。这一系统背后的智能机制能够自动汇总同一单据的所有相关信息，并进行全面的比对核查。智能审核的范围广泛，主要包括以下几个方面：第一，系统会对报销单的头部信息和行信息进行审核，检查这些信息是否符合公司的标准要求以及是否通过交叉验证规则；第二，系统支持报销单信息与原始单据信息的内控审核校验，如产品段与费用项目、增值税抵扣用途类型之间的相互校验，以及费用类型与附件信息、产品段的相互校验；第三，系统支持对粘贴单规范的审核，如粘贴位置顺序、报销单金额与单据张数的核对；第四，系统涵盖附件完整性审核，确保每种单据入账所需的附件类型齐全；第五，报销时效审核是检查报销时间是否在公司设定的标准时间范围内；第六，原始单据真实性审核涉及对所有单据的原始凭证，如发票、合同、清单、说明、签报等信息的真实性进行核查；第七，内控审核功能确保所有事项符合公司内部的具体要求，如差旅标准、会议标准等；第八，合规性审核是检查所有事项是否符合法律法规和公司政策，如发票抬头税号、支付方与发票开具方、合同方是否一致；第九，规范审核评估各类事项的合理性，如会议人均成本和餐费人均费用等；第十，付款审核环节核对支付事项的一致性和是否符合公司内部要求，如收款方与原始单据信息的一致性，支付金额与发票、清单、合同金额的一致性等；第十一，对供应商的专项审核、费用摊销审核；第十二，发票验真和查重功能是为了满足智能化审核需求，实现纸质或电子增值税专用发票和普通票的验真功能，及增值税专用发票和普通票的发票连号提示及查重功能。

为了满足智能化审核的需求并优化前端报销单据处理，智能审核平台利用 OCR 技术的自学习功能自动识别常用的附件，如出库单、会议签到表、出差审批单等，提高了识别的效率和准确性。该平台采用了可视化的监控仪表盘，使管理者能直观地监控单据审核的质量，并生成相应的管理报告。仪表盘能详细显示各级报销单元在特定时期内的单据审核情况，使得各级管理人员能够更好地掌握、分析和管理相关数据，极大地提升了管理效率。智能审核平台的发票自动验真功能允许报销人员在上传单据图像后，通过 OCR 扫描图像并提取关键信息，自动填充报销单据的大部分内容，如报销部门、时间、费用科目、金额、发票信息等，显著提升了报销流程的效率，增强了用户体验。同时，该平台通过税企智联系统与税务平台对接，在费控系统内对各类发票，包括增值税专票、普票和电子发票进行自动验真，并直接返回验真结果，省去了报销人的额外操作，进一步提高了报销效率并确保了发票的合规性。智能审核平台的辅助审核功能在费用审批过程中通过弹窗形式向审批人提示潜在的风险，帮助审批人在审核过程中更好地把控风险。平台还通过与费控系统的接口标准化，实现了与资金系统和总账系统的连接，加强了整体的财务控制。最后，智能审核平台建立了严格的稽核机制，对已通过智能审核并完成支付的单据进行定期的人工稽核和审查，确保识别报销中的所有风险，验证智能审核的规则引擎的全面性和正确性。

第三节　财务共享服务内涵及其模式

一、财务共享服务的内涵

（一）财务共享服务中心

共享服务覆盖企业的多个业务领域，财务领域由于其流程的标准化程度高、集中度高及信息化建设水平高，常成为共享服务的主要应用场景，特别是在财务共享服务中心（FSSC）。财务共享服务中心集中处理企业的财务业务，针对那些重复性高且易于标准化的财务活动进行流程再造，以实现业务的标准化和流程化复用。通过这种方式，财务共享服务中心不仅能有效降低成本、提升客户满意度、改进服务质量，还能提高业务处理效率，帮助企业实现其目标。

国际财务共享服务管理协会将财务共享服务定义为一个依赖信息技术的分布式管理模式。这种模式基于财务业务流程处理，目的在于优化组织结构、规范流程、提升流程效率、降低运营成本或创造价值，并从市场视角为内外部客户提供专业化的生产服务。[①] 在这个架构下，财务共享服务中心不仅是业财融合思维的体现，还是企业数据中台思想实践的关键环节。财务共享服务中心不仅具备将财务电子化、线上化的能力，在增值赋能和财务工厂化的顶层设计下，还能实现实物影像化、管控智能化、运营可视化和服务价值化。这种模式突破了地域和层级的限制，将分散的、重复性的会计业务集中处理、优化和沉淀，通过标准化分类和整合转化，实现了标准化输出和快速迭代。通过财务共享服务中心的建设，企业能够充分利用数据中台的集成

[①] 张能鲲，张军.业财一体化：从应用路径到顶层战略规划 [M].北京：机械工业出版社，2023：165.

逻辑和特性，实现财务端口的有效输出。

在财务共享服务中心的发展中，新的业务闭环路径主要围绕建立一个基于运营数据的管理体系，并利用数据分析技术对中心的整体运营进行持续的调整和优化升级。这种方法使财务共享服务中心能够形成一个有效的任务池，以便于快速获取账务处理任务，解决了管理者在业务决策中的线上审批问题。无论是商旅直联的相关票据还是传统的纸质凭证，都可以通过影像系统扫描并上传至线上平台，实现业务数据与支持材料的有效关联，从而确保信息输入的匹配和输出的标准化。通过信息系统与银企直联，财务共享服务中心不仅满足了电子支付和财务核算的需求，还自动化了凭证分录的动态生成，解决了业务中"合同流、审批流、发票流、资金流"的集中存档和稽核匹配问题。而系统化的内控规则和标准化的业务模式使企业能够集中管理档案、业务、审核和附件清单等证据链材料，简化了人工判断程序。

（二）财务共享价值

财务共享服务中心的建设为企业带来了多方面的管理提升，涵盖战略发展、风险控制、提高服务质量、提升运营效率和成本节约等各个层面。

第一，这一中心支持企业的战略拓展，包括并购和扩张活动。通过建立一个统一的标准化机构，财务共享服务中心能快速适应公司内部业务规模的变化，如并购和重组等。

第二，它能将财务人员从日常重复任务中解放出来，让他们专注于更高层次的工作。

第三，通过实现流程和人员的标准化及集中管理，财务共享服务中心加强了风险监控和管控能力，有效降低和控制了操作违规行为。中心直接向总部汇报，严格遵循公司制度，提高了业务操作的准确性、及时性和真实性，增强了数据透明度。

第四，财务共享服务中心能提供高质量的服务和信息，确保数据的真实性和有效性。缺乏特定专业技能的问题可以通过中心的集中利用人才解决，发挥其最大价值；通过集中管理和培训会计人员，实行流水线作业，降低错误率，提高决策质量。

第五，建立集中支持平台和实施财务流程优化，显著提升了管理效率和操作效率。这种方式可以缩短各种业务服务时间，如结账、授权、开发票、报销和付款等，迅速适应财务管理的新变化。

第六，财务共享服务中心通过人员和组织的集中，实现了规模效应，减少了对人力资源的需求，降低了成本，并且通过引入先进的业务实践和优化流程，提高了劳动生产率，进一步降低了运营成本。

二、财务共享服务的模式

（一）财务共享服务中心按集中模式分类

1. 按中心个数划分

在物理集中的财务共享服务中心设置中，企业通常可以选择"单中心"或"多中心"两种不同的模式。这些模式的选择需根据企业的管理架构和财务共享服务中心的实际运营状况来决定。这种模式的配置并非固定不变，而应根据项目的可操作性、成功保障程度、运营阶段及成熟度等多个维度进行综合评估和适时调整。例如，在财务共享服务中心的建设初期，采用"多中心"模式将更具灵活性，能有效应对组织、人员、流程以及 IT 方面的变革和需求变化。但是，随着运营的成熟，中心可以逐步向"单中心"转变，甚至发展成企业集团的一个大型后援中心。"多中心"模式可以根据地理位置、业务板块或两者的结合进行设置。根据中心之间的相互关系，这种模式又可进一步细分为总分模式、平行模式和联邦模式。在总分模式中，一套 IT 系统被集中部署，存在一个管理中心和多个平级运营中心；平行模式的特征为多套 IT 系统的独立部署，多个共享中心间不具备协作关系；联邦模式则采用多套 IT 系统独立部署，设有一个管理中心和多个平级运营中心，这种结构允许更灵活的管理和运营。

2. 按特征划分

在财务共享服务中心的设立中，企业可以选择不同的模式，以适应不同的管理需求和业务特性。

（1）大一统模式。不论企业集团的业务多样性或其在国内外的经营规模如何，都只设立一个全集团统一的财务共享服务中心。这种模式特别适合于那些强烈追求集中管理、高度标准化与规范化的企业。在这种模式下，企业进行统一的规划与建设，集中管理所有财务活动，可以显著降低重复的资源投入（尽管初期投入较大）和各外围系统间的对接成本，极大地提升规模效益，进而有效增强集团的统一管理能力。在建设该模式的过程中，应遵循尽可能统一的流程和集中的标准，采取循序渐进的策略以确保平稳过渡。

（2）区域模式。根据下属组织的地理分布灵活设置多个财务共享服务中心，每个区域共享服务中心仅服务于特定地区的组织。这种模式更适合于区域管理分散、地理分布广泛且在共享服务中心建设进度上可能存在差异的企业。在实施区域模式时，需要特别注意各区域间组织的权限分配、数据与信息的隔离处理。如果区域内的组织运营多种业态，还需考虑业态间的差异性和协调问题。

（3）产业模式。针对集团内部不同的产业板块，企业会建立多个独立的财务共享服务中心。每个产业集团的财务共享服务中心为其下属成员组织提供必要的财务共享服务。这种模式尤其适用于业务差异显著、多元化程度高的大型综合集团。在这种布局下，集团可以基于各子集团的成熟度和紧迫度决定建设财务共享服务中心的先后顺序，逐步推动整个集团的财务共享服务中心建设，使建设进度、风险和标准的管控相对容易。在该模式的实施过程中，需要特别注意不同产业集团之间组织结构和对数据访问权限的控制。

（4）项目模式。这在海外的大型基建项目中尤为常见。这些项目通常涉及巨大的投资额、复杂的项目类型和众多的专业要求，常常需要集团内不同专业公司的协同实施。在这种情况下，建立一个项目化的财务共享服务中心来进行统一的科目管理、核算规范、流程和标准以及集中管理，可以有效地进行独立的账外核算，优化项目的财务管理和提高核算效率。

3. 虚拟的财务共享服务中心

虚拟的财务共享服务中心并不依赖于将员工物理集中在同一地点，而是利用标准化的业务财务流程、统一的财务核算标准和高效的共享平台，结合先进的网络和通信技术（如视频会议等），以实现在不同地区的员工之间建立连接。虚拟共享中心通过这种方式实现了对分布式管理、需求响应和财务资源共享的统一和协调控制，利用物联网技术，加快对企业指令的响应速度。

虚拟的财务共享服务中心模式与传统的实体中心模式相比，不依赖于建设集中的物理设施，而是利用分散在不同地点的人员为多个组织提供服务。这种模式的核心是数字技术的应用，通过这些技术手段实现业务和财务处理的远程共享，类似人们在家中通过在线平台完成的共享作业。

在虚拟模式下，财务共享服务中心构建了包括一个平台、两个网络和多方应用在内的系统结构。"一个平台"是虚拟财务共享智能管控平台，能够处理设备数据和交互财务信息的计算与存储，并集成了运营管理、交易和服务功能，优化整合了财务共享资源并实现了实时交互。"两个网络"包括以集团化财务管理为核心的一级集团财务数据共享网络，以及以"云管边端"架构为核心的二级子集团财务数据共享网络，这两者共同发挥财务功能的集中处理和资源汇聚传输的关键作用。"多方应用"则涉及企业的子公司财务用户、外部合作伙伴及其他相关用户，形成了一个广泛的用户生态系统。

虚拟的财务共享服务中心提供了一种在面临人员、场地、预算限制或变革准备不足等问题时的可行选择。随着企业的发展，原本采用的虚拟模式可能随着条件的成熟和共享服务的成功应用而演化为更传统的实体模式，如大一统模式或产业模式。除此之外，随着企业运营管理能力、管控能力和标准化水平的提升，最初选择的产业模式或区域模式也可能转变为更集中的大一统模式。随着社会经济和技术的发展以及管理理念的更新，财务共享服务的工作模式越来越倾向于虚拟化，使员工能够在全球各地高效地进行远程工作。

（二）财务共享服务中心按服务范围分类

1.按照输出的服务范围分类

（1）基础服务范围模式。在基础模式下，财务共享服务中心主要作为支持财务端流程的单一功能方。例如，在商旅服务领域，所有的商旅活动由外部第三方机构执行。当第三方完成服务后，与财务相关的所有信息处理——包括结算、报销及账目核算都由财务共享服务中心负责处理。在这种模式下，财务共享服务中心的角色主要限于处理传统的费用报销类任务，但有所变化的是，原本的单笔交易处理方式转变为基于对总结算的批量处理方式。虽然这种模式降低了交易的频次，但也增加了交易核对的工作量。在这种操作模式中，财务共享服务中心的工作职责较为基础，对于服务中心的改革和功能扩展要求并不高。可以说，这更多的是对新兴商旅模式的一种适应，而非实质性的革新或升级。财务共享服务中心在这一模式下，其实质仍是完成一系列熟悉的财务处理流程，与传统的费用报销工作在本质上没有太大区别。

（2）中级企业闭环服务范围模式。在中级企业闭环服务范围模式中，财务共享服务中心扩展了其职能，不只处理传统的财务流程，开始介入商旅端的业务流程。在此模式下，财务共享服务中心实现了跨界操作，其操作性质与财务运营相融合，使得中心顺利扩展至商旅服务的处理。这一扩展通常没有遇到太多难题。财务共享服务中心成立了专门的中台服务团队，该团队除与供应商协作外，还服务于企业内部员工，扮演着桥梁和纽带的重要角色。若企业自身没有建立中台，则此项服务通常由商旅服务商负责，他们以服务次数为计费标准，且费用不菲，特别是在非工作时间，电话咨询的费用可能非常高。

财务共享服务中心接管中台服务职能后，代替了原本由商旅服务商提供的服务，员工可以通过在线系统或电话提交差旅订单，财务共享服务中心的商旅团队负责处理，如机票和酒店的预订。此外，该团队需负责处理与员工的即时沟通，尤其是在处理特殊情况时，一旦预订完成，员工在差旅过程中若需进行退改签等操作，财务共享服务中心也应提供及时的服务，确保员工差旅的顺利进行。

　　财务共享服务中心接手中台业务处理相较于依赖服务外包商具备显著优势。首先，将商旅服务从外包转变为自营模式能显著降低操作成本。在目前市场上商旅服务成本较高的情况下，自营模式提供了一个成本效益更优的选择。其次，财务共享服务中心的自营模式允许更细致地提高管理和服务水平和关注服务细节。例如，能够为内部高管提供更周到的 VIP 差旅保障，以及在员工遭遇突发状况时提供即时援助服务。最后，自营模式增强了风险控制能力，允许财务共享服务中心直接介入，处理差旅舞弊、违规或不合理的成本开支等问题，从财务和风险控制的角度提供指导和纠正，而不仅是记录问题。通过这种方式，财务共享服务中心的介入提升了整体的管理效率和质量。这一点与单纯依赖外包商处理业务显著不同，展现了其独特的价值和逻辑。

　　（3）高级企业外延服务范围模式。在高级企业外延服务范围模式中，财务共享服务中心完全接管了从端到端的商旅流程管理，这一变化与中级模式形成对比。在中级模式中，机票、酒店和用车等供应商的选择及采购管理通常由企业的行政或采购部门负责。而在高级模式下，这些任务都转由财务共享服务中心承担，包括日常的供应商管理。此种扩展使得财务共享服务中心的角色从单纯的运营管理拓展到采购管理领域，能够有效地实施全面的服务与管控，更好地管理差旅费用和优化相关流程。

　　2.按照输出的服务类型分类

　　（1）服务型财务共享服务中心。该中心主要提供基础财务服务，如会计核算、资金结算、标准报表的编制、档案管理、系统的运行与维护、基础会计政策和流程标准的制定。这类中心的核心在于提高财务运作效率，专注于通过优化服务流程来降低成本并提高效率。随着其发展的成熟，服务型财务共享服务中心可能采纳外包或将特定功能分包给专业机构，依据成本效益原则进一步优化资源配置。

　　（2）"服务 + 管理"型财务共享服务中心。该中心的职能除涵盖服务型中心的所有职能外，还扩展到会计政策的制定、流程标准的建立、对外报送和披露、经营业绩的分析与汇报。这种模式的特点是，它不仅服务于内部业务需求，还与外部监管机构进行对接，增强了管理能力，能够提升整个组织的财务价值，确保了内外部财务管理的协调一致。

3. 按照战略结构规划分类

战略结构对财务共享服务中心的定位、业务的复杂性及管理的复杂性具有决定性影响。这种结构性定位，即战略结构规划，涉及对财务共享服务中心的战略定位进行系统化设计。根据服务区域的不同，财务共享服务中心可以分为全球中心、区域中心、全国中心和专长中心四种。全球中心主要负责将国际化企业在全球范围内的财务业务进行集中处理，实现全球统一管理；区域中心是将国际化企业的全球业务依据大区进行划分，分拆到各个区域，由各个区域化的共享服务中心来处理，以适应不同地区的具体需求；全国中心的角色是将企业在国内的所有财务业务集中到国内成本效益最高的地区进行处理，以优化资源配置；专长中心则针对财务共享服务中心中的特定业务流程，如核算、资金集中管理和预算等，在全国范围内建立专业化的服务中心，以提高特定业务处理的专业性和效率。

4. 按照盈利模式分类

财务共享服务中心根据其盈利模式的不同，可分为成本中心和利润中心两种。这一分类反映了财务共享服务中心从企业内部的一个功能部门发展到一个独立的运营实体乃至成为一个营利机构的转变过程。

成本中心型的财务共享服务中心通常作为企业内部的一个独立机构或机构的一部分，专注于处理公司内部的核算、报销和资金集中管理等任务，不涉及对外商业服务。其主要目标是通过集中处理提高效率，降低成本。

与之相对的是利润中心型的财务共享服务中心。这类中心在确保服务质量和安全性的基础上，通过对内服务和对外提供专业服务来追求盈利。这种模式下的财务共享服务中心开展面向市场的外部企业客户的服务，以增加收入。

这两种模式的选择反映了财务共享服务中心在企业战略中的不同定位。成本中心主要是提高内部运作效率和降低运营成本，利润中心则着眼于通过市场化操作实现盈利，其可以在达到一定的业务能力和市场竞争力后，向独立运营的方向发展。

第四节　财务共享平台下业财融合模式的构建与实施

一、业财融合模式的构建策略

（一）建立事件驱动的业务处理流程

业财融合的核心在于采用计算机程序的"事件驱动"概念，通过推动财务、资金及系统间的信息交流和一体化，优化财务数据和业务流程。在现行的财务共享模式中，根据工作性质的不同，企业内部将业务部门分为各种业务事件。这些业务事件依据事件驱动理念进行细致的跟踪与监控，并记录相关业务数据。这一机制允许财务共享服务中心在业务主体提交申请后，直接利用财务数据进行分析，从而评估和审核这些申请。此外，财务共享中心具备对业务执行的实时监督功能。

（二）规范标准化的管理制度

规范标准化的管理制度是确保业务与财务流程无缝对接的基础，可以促进各部门间的有效沟通和协作，提高整体运营效率和决策质量。标准化的管理制度包括明确各部门的职责、流程的操作步骤以及数据记录和报告的标准格式。这样的制度能够减少运营误差，加强对财务和业务数据的监控，确保数据的准确性和透明性。通过实施统一的规则和程序，企业能够更好地控制成本，优化资源分配，快速响应市场变化。规范化的管理还能使企业的运行符合行业规定和法规要求，增强企业的合规性，提升企业在市场中的竞争力和信誉。

（三）管理模式的转变

财务共享服务模式革新了传统的财务管理观念，并对企业的整体管理方式产生了显著的影响。通过建立财务共享中心，企业能够实现数据的实时共享和业务的持续监控。尽管现代财务共享服务在功能上可能与传统财务组织相似，但其工作效率和处理速度已有质的飞跃。随着企业对财务管理需求的增加，财务共享中心的建立成为必然，这对财务专业人员提出了更高的要求，但也带来了更多职业挑战。

在战略财务管理层面，从业者需要具备优秀的业务技能和敏锐的洞察力，以便能在财务操作中作出利于企业长远发展的战略决策，这要求财务人员既要理解财务数据的表面信息，又要深入分析其背后的业务逻辑和市场动态。在业务财务层面，主要任务是整合和分析企业的各类财务数据，并为管理层及其他信息需求者提供及时的支持和决策依据。在财务共享中心运营层面，财务专业人员负责维护和优化共享平台的功能，确保财务报表的及时编制和财务状况的实时监控，以保障企业财务的健康和透明度，促进企业的稳定发展。

（四）业务财务流程再造

财务共享平台的构建本质上是企业对其财务流程的革新，利用信息化技术提升财务系统的效率和稳定性。通过流程标准化、财务数据的业务化及全程数据共享，该平台整合了财务和业务信息系统，优化了内部控制管理，推动了财务的转型升级。引入 AI 技术进一步增强了这一平台的功能。AI 能通过算法对大量财务数据进行分析，实时地识别和预测财务风险，并自动化处理日常财务操作，如发票处理和成本分析，极大地提升了工作效率。在内部审计中，AI 能够通过模式识别技术持续监控异常交易，提高内控质量。AI 的预测模型也能帮助企业优化资金流管理，预测市场趋势，支持企业作出更有根据的财务决策。

（五）提升财务共享共享中心的效率

随着财务共享平台的建立，信息技术在企业中的应用日益普及，推动了企业业务管理向信息化和自动化的转变。这种转变提高了企业内部业务的效率，实现了资金管理、网上报销、财务核算、人力资源的绩效考评以及内部综合管理等多个方面的统一和高效管理。财务共享服务模式促进了财务与业务的深度融合，使企业能够在各业务领域中提升运作效率。在实时监控与管理企业分支机构或部门时，财务共享服务可采用创新的集中记账分布查询模式。这种模式保证了企业内各业务单位与财务系统的无缝连接，加强了信息流的实时传递和处理。通过梳理企业业务单位前端系统，确保业务流程在执行过程中的规范化和标准化，提升操作的标准度。

二、业财融合模式的实施过程

（一）规范信息标准

在业财融合的实施过程中，企业需整合广泛的基础与业务数据来生成准确的财务凭证。基础数据涵盖从员工信息、组织单位、分包商、部门、供应商，到工程项目、客户、分部分项、币种、工程量清单以及成本科目等众多元素。在业务数据方面，它包括但不限于投保金返还、合同计量、内部借款、合同收款、对外支付、分包结算、日常报销、材料入库、现金备用金管理、材料合同支付、项目预收预支、周转材料租赁结算、材料出库、废旧材料处理及材料报损等多种业务活动。

在当前的公司运营模式中，财务系统和业务系统的不完全统一导致了数据结构和格式的不兼容，这在很大程度上阻碍了数据的互通和整合。为了解决这一问题，确保业财融合顺利进行，构建一个第三方数据转换平台显得尤为重要。这个平台的主要作用是将企业的业务与财务数据传送至一个中间库。在这里，数据被集中处理、整合和分析，最终形成可执行的操作指令，数据转换流程如图4-5所示。该方法可以克服因财务与业务系统间独立分离导致的信息不通问题，实现数据的顺畅交流和资源的最优配置。

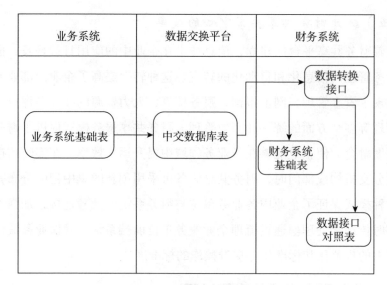

图 4-5　数据转换流程

1.组织机构共享

随着组织机构共享概念的引入和实施，原先在行政框架与会计核算实体之间存在的系统差异正在不断减少，两者间的冲突也在逐步得到缓解。财务系统通常基于核算口径的组织结构建立，业务系统则基于行政组织构建，这种结构差异很容易使信息在传递过程中出现障碍。组织机构共享的推行可以有效减少这些障碍，并通过数据交换平台提高信息处理的效率与准确性。在确保组织机构信息共享基础上，保留原有数据接口，使整体的系统运作得到优化。

2.员工数据共享

在员工数据的同步过程中，必须将业务系统的员工信息上传到中转站。在中转站的帮助和审核下，这些信息将被录入企业财务系统，确保员工字典表与数据接口对照表的一致性。

3.往来单位共享

同步往来单位信息时，需要包含业务系统中多个主体单位的数据，并进行打包处理以创建相应的临时表，用作数据参考。此外，利用数据交换平台的沟通渠道，能实现不同业务单位间的信息共享，促进信息流通和协同工作。

4. 业务与财务关联信息共享

设计凭证模板包括管理总账科目、明细账科目及其借贷关系等会计科目。凭证生成作为业务系统与财务系统之间的关键桥梁，在促进两者间信息共享的过程中扮演着核心角色。随着经济活动的增多，传统的手动处理方式已无法满足快速发展的现代需求，自动化凭证生成技术因此得到了广泛应用。ERP 系统在集成财务与业务数据方面表现卓越，主要得益于其能实时接入数据库，提升业务处理的全面性和即时性。此外，ERP 系统借助其强大的引擎机制，在制备管理报表和制定具有决策意义的财务信息方面展现出了明显的优势。

从更深层次探讨业务与财务的关系可以看出，两者信息间存在强烈的互补性。因此，建立一个能够促进这些数据信息交换的平台，将对企业的运营管理产生极大的正面影响。

（二）构建异构共享数据库系统

在公司发展的不同阶段，由于需求的变化，建设各项职能系统时常面临诸多挑战，如数据库技术的不同、开发商的专利限制等。为了保证企业信息对接与匹配的顺利，有必要构建一个能实时共享数据信息的平台，提升企业整体的信息利用率，有效打破各部门间的信息壁垒，促进业务流程的顺畅进行，进而最大化企业利润。目前，数据库系统作为信息互通交流的主要渠道，已被广泛采用。

1. 基础数据编码

为了减少在不同系统间的数据互通障碍，采取了基础数据编码的策略。这种方式可以简化数据交换过程，编制详细的编码对照表，为数据信息的分享和传递奠定了坚实的基础。

2. 数据库联结服务建设

针对不同数据库之间存在的差异，实施了数据库联结服务的建设。具体措施包括：①建立开放数据库互联接口数据源，确保信息的一致性；②通过监听配置文件，提升数据匹配的精确度；③建立稳定的数据连接；④为了应对在信息交流过程中可能出现的安全和效率问题，通过优化链接配置，确保数据传输的安全与高效。

3.公司流程梳理

在推动公司业务的过程中，关键在于明确并制定详尽的业务规范及操作流程。通过建立一套科学且完整的操作规范，企业能够使财务管理系统更加有效地监控各项业务。鉴于业务主体间可能存在的差异，财务信息系统必须对各类业务的特点进行适当的财务凭证分析与处理。

4.数据交换与财务凭证生成

通过已建立的数据库链接服务，利用数据模板建立取数关系，构建下游财务管理系统与上游业务处理系统之间的桥梁。通过财务凭证的生成，使用独特的财务凭证编号，实现相关数据的收集、记录和分析。

通过整合原本孤立的业务主体，企业得以为内部业务的顺畅开展奠定坚实的基础。在数据共享的执行过程中，生成和编码财务凭证成为核心操作。这涉及数据的记录与分析，直接影响未来数据的查询和修改。因此，必须高度重视财务凭证的生成过程，一方面，需要设置统一的财务凭证生成程序，并在数据库内嵌入相应的编码对照表，确保编码能被数据库正确识别和记录；另一方面，在整合财务凭证数据时，应当根据业务需求筛选合适的数据模板。目前，这些关于数据库编码与信息录入的操作主要还是在大中型企业中进行。

（三）梳理与优化公司业务流程

这一步骤的目标是确保业务流程与财务流程高度一致，同时提升流程效率，减少资源浪费，并通过数据的标准化与自动化，提高业务决策的精确性，加快响应速度。

这个过程可以通过以下几个阶段来进行：

（1）成立一个由关键人员组成的流程管理领导小组，负责全面的流程梳理和优化工作。该小组的主要职责包括对现行业务流程进行详细记录和审查，确保所有活动都能得到正确评估。

（2）进行现行流程的全面梳理。这一阶段涉及对企业当前所有业务流程的彻底记录，包括每一步的作用、效率和产出。此阶段的目的是确保每一个流程都被准确理解和记录下来，为后续的分析和优化奠定基础。

（3）分析现行流程的优劣之处，特别是识别出那些冗余和低效的步骤。这一步是通过对每个流程的成本效益分析来进行，以确定哪些流程需要被优化或是彻底重组。

（4）如果分析结果显示存在冗余流程，或者需要引入新流程以填补现有流程中的空白，应进行业务流程的优化或重组，如合并某些步骤、引入新技术或完全重新设计某些流程，以提高效率。

（5）在优化和重组的流程得到初步设计后，流程小组会进行集中讨论并提交给决策层审批。这是一个关键阶段，因为所有的变更都需要得到高层的支持和批准。

（6）一旦流程得到批准，就会正式颁布并实施，包括制定与新流程相匹配的管理制度，确保流程变更可以持续并有效地执行。

（7）对于未能通过审批的流程，需要继续进行优化和完善，直至它们能满足企业的效率和效果标准。

在整个流程梳理和优化过程中，可以大量应用 AI 技术。AI 可以在多个环节中发挥作用：

（1）自动化数据分析。AI 能够处理和分析庞大的流程数据集，利用机器学习算法快速识别出流程中的瓶颈和低效环节。例如，通过分析历史数据，AI 可以发现特定步骤在时间消耗或成本上的异常增加，为流程改进提供明确的方向。

（2）流程模拟和预测。该功能使企业能够在实际应用改动前，通过 AI 模型评估不同的流程改进方案，不只基于现有数据，还能考虑到潜在的市场变化和内部策略调整，为企业提供一种安全的"试验场"。如 AI 可以帮助企业模拟在引入新技术或调整人力资源分配后，流程效率和成本效益的潜在变化，使决策者预见改进措施的实际效果。

（3）实时监控与调整。在流程实施阶段，AI可以用来监控流程执行情况，实时提供性能反馈，并建议进一步的调整，确保流程的持续优化和敏捷调整，适应快速变化的业务需求和市场条件。

（4）决策支持。AI可以通过深入的数据分析和预测，为企业的决策层提供科学的依据。AI的强大计算能力和模式识别能力可以帮助领导层从大量复杂的数据中提取关键信息，分析各种决策的潜在影响和风险，作出更加合理和有效的管理决策。

（四）实施公司财务与业务系统的对接

为了处理业务系统与财务系统的对接问题，企业通常会建立一个精心设计的数据交换系统。该系统包括数据采集和财务凭证接口，以促进财务核算凭证的自动生成和业务流程的顺畅运行。这一系统的设计和实施需充分考虑企业的具体需求，以构建一个符合自身发展的数据交换平台。

目前，构建数据交换系统主要采用文件传输模式。这一模式支持财务数据库服务器与业务数据库服务器在同一局域网内运行，有助于提高数据传输的效率，增强数据交换的安全性。企业还可以通过建立中间库来进一步优化数据的传输和交换过程。建立中间库的优势在于它能有效防止两个系统的数据库直接相互操作，避免数据处理过程中的潜在冲突和风险。系统应用管理模式如图4-6所示。

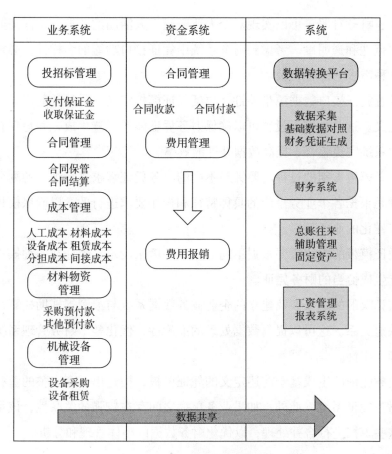

图 4-6　系统应用管理模式

　　在构建有效的业务与财务集成系统时，首要任务是确保所有相关的财务和业务单位之间的连接，包括承包商和供应商等客户单位。基于这些单位，企业需建立一个详细的对照表。此对照表将作为监控企业业务流程和审查财务活动的基础，确保信息的准确性和流程的透明度。为了消除企业内部信息系统传输的障碍，企业应通过建立中间库来促进财务系统与业务系统间的信息互通，确立会计实体与各单位之间的对应关系，提高数据的一致性和准确性。

创建财务对照表可以实现对个人业务经手人活动的监控，以保证业务执行的规范性和透明度。考虑到财务系统中凭证接口功能的多样性，必须开发适应各种需求的多种模板。

设置凭证接口数据源是关键，包括凭证模板定义、科目映射定义、核算映射定义。这些数据源设置可以确保财务凭证能够无缝生成，并与现有的凭证接口系统完美整合，提高数据处理的效率。

定义模板类别的过程需要针对不同的财务凭证需求进行细致的划分。这一步骤是根据各个业务系统的具体特征和操作要求进行的，以确保模板能够适应多样化的业务环境。

凭证模板的内容需要根据不同的操作环境来设定，保证在各种操作条件下都能生成恰当的财务凭证。

核算映射的定义涉及建立的企业业务数据系统与浪潮等辅助核算系统之间的映射关系。这可以提高数据处理的准确性，优化整个财务管理系统的功能性和实用性。

业务凭证的生成基于前述定义的凭证模板，构建出一套完整的业务单据浪潮财务凭证系统。此外，如果业务单据之间存在较强的关联性，该系统支持将这些单据进行合并处理，以优化财务数据的整体管理和分析。

（五）实现多系统间业务信息的共享

随着快递企业规模的迅速扩张，内部会计部门面临的财务审核压力也日益增大。为了有效缓解这一压力，应当构建一个涵盖预算、成本、资金和业务信息共享的财务共享中心。这样的系统可以确保财务信息的精确性，减少在信息传递过程中出现的失真现象，提升财务信息的使用效率，实现财务与业务信息的无缝对接。这种整合优化了企业的业务链和财务链，促进了企业的稳定和高效运营。

第一，全面预算信息的共享是关键。在传统的业财分离模式中，预算的编制通常由财务部门主导，需与人力资源部门及业务部门协作完成。但随着企业规模增大和财务数据复杂性提高，这种单一部门领导的方式已不符合现代企业的需求。在财务共享中心模式下及更新和编制全面预算的过程中，需要不同部门之间的密切协作与有效沟通，以确保预算过程中各部门的深度参与，以解决传统模式中沟通效率低下的问题。

第二，成本费用核算信息的共享对于业务部门和财务部门都至关重要。在财务共享中心的框架下，快递企业应当实施成本费用核算信息的共享策略，以提高部门间的沟通效率，加强信息共享的系统构建。成本信息的共享也有助于各部门在预算编制和财务规划时，基于更全面和透明的数据作出决策，进一步优化资源配置。

第三，实施资金集中支付共享模式。这一模式主要是将业务主体中的财务支付职能分离出来进行集中处理，减少了多个支付点的管理复杂性，降低了交易成本和潜在的财务风险。集中支付系统允许企业从宏观角度优化资金使用，实现资金的快速调配和利用，提高整体财务效率。

第五章　企业业财融合数字化发展中的管理会计

第一节　管理会计的基本知识

一、管理会计的含义

管理会计是一种专注于企业战略实现的会计分支，其核心目的在于强化企业内部经营管理并提升经济效益。它涉及企业所有的经营活动，通过处理和利用财务及其他信息，支持企业经营的预测、决策、规划、控制、分析与评价等关键职能。

二、管理会计的特点

（一）内容广泛

管理会计的内容广泛，并不局限于与财务会计的明确分界。会计的边界是动态的，意味着任何自然科学和社会科学的新进展都有可能被纳入管理会计的应用范畴。随着时间的推移，这些发展和动向会不断地演变和更新，这也意味着无论是在管理会计的历史成长中还是未来的发展中，它们都将持续体现，使管理会计能够持续吸收新知识，以满足不断变化的经济和管理需求。

（二）结构无系统

管理会计的结构之所以被认为是无系统的，主要是由于其内容具有广泛性和动态边际的特点。这种结构的特点反映了管理会计在适应不断变化的经营环境和管理需求中的灵活性。

一方面，管理会计涵盖的领域不断扩展，包括最新的自然科学和社会科学进展，因此它难以形成一个固定的、有序的结构。例如，随着技术的进步和管理理论的发展，新的分析工具和策略会被纳入管理会计的实践，使得其结构持续演变。另一方面，管理会计的应用和实践通常需要根据具体的业务环境和管理目标进行定制，这意味着不同企业和不同情境下的管理会计可能呈现出截然不同的面貌。例如，在一个重视创新和快速响应市场变化的科技公司中，管理会计可能需要强调对研发投入回报率的分析和对市场趋势的预测；而一个稳定发展的传统制造业可能更重视成本控制和效率提升。

（三）不具独立性

该特点意味着它与企业的运营和管理决策过程紧密相连，不能脱离实际的业务环境独立存在或发挥作用。这种特性体现了管理会计是会计信息的记录者和报告者，更是企业决策和管理活动的参与者。具体表现为：

1. 与企业战略的融合

管理会计的设计和实践必须与企业的整体战略密切相关。它提供的数据和分析报告用于支持战略目标的设定和实现，如市场扩展、成本控制、产品开发等。因此，管理会计的有效性依赖于其能够反映和支持企业战略的方向和需要。

2. 支持管理决策

管理会计提供的信息是为了帮助管理层作出各种经营决策，如定价策略、预算分配、财务规划等。这些信息必须与企业当前的经营状况和未来的业务预期密切相关，其实用性和准确性直接影响决策的效果。

3. 依赖业务运营数据

管理会计的数据来源广泛，包括但不限于财务数据，它还需整合市场数据、操作效率数据、员工绩效数据等。这些都是从日常业务运营中收集而来的。没有这些实际运营数据的输入，管理会计无法构建完整的分析和预测模型。

4. 动态调整与更新

与财务会计相比，管理会计更注重实时性和前瞻性。企业环境的变化、市场条件的波动及内部策略的调整都要求管理会计系统能够灵活应对，及时更新其内容和分析方法，以保持信息的相关性和帮助企业适应变化。

5. 跨部门的协作

管理会计的实施需要多个部门的信息和资源共享。这个功能的实现依赖跨部门的合作。例如，成本管理不仅需要财务部门的输入，还需要生产、采购等部门的数据支持。

三、管理会计的职能

（一）预测职能

管理会计通过科学方法和系统分析，利用历史及当前的会计数据和相关资料，预测企业未来的发展。[①] 这种预测功能包括定量和定性分析，旨在预估企业未来的经济活动趋势及其对财务状况、经营成效和现金流等关键指标的潜在影响。通过这些分析，管理会计为企业的内部决策奠定了坚实的信息基础。具体来说，其预测功能主要体现在对销售、成本、利润和资金需求等关键经济指标的估测上，为企业战略规划和资源配置提供数据支持和决策参考。

（二）决策职能

在企业内部管理决策过程中，管理会计主要通过提供与决策相关的信息

---

① 邹丽，伍丽雅. 管理会计 [M]. 重庆：重庆大学出版社，2020：7.

来参与。管理会计的专业人员负责收集和整理必要的信息，选用适当的分析方法，计算评估各种长短期决策方案的财务指标，并提供精确的财务评估，以支持企业管理者作出科学的决策。例如，在决定产品组合、分析长期投资项目或构建产品定价策略等方面，管理会计提供的数据和具备的洞察力都是支持决策制定的关键。

（三）规划职能

规划职能在管理会计中通过制订详细的计划和预算来实现。管理会计负责制订企业的全面预算，确保根据高层的决策，将目标细化并分配到不同的管理层级、业务领域及时间段。管理会计将这些预算目标进一步拆解，通过制订责任预算来有效地组织和调整企业的运营链条。这种做法使企业能够最大限度地利用其人力、物力和财力资源，确保预算目标顺利实现，并为监控和控制企业的日常经营活动奠定坚实的基础。

（四）控制职能

控制功能在管理会计中是通过一系列手段来影响和指导企业的经济活动的，确保这些活动能够根据预先设定的目标进行。通过事先设定的预算，管理会计不断监控和调整企业的经济行为，包括对实际发生的经济活动进行持续的测量、记录和报告。实时的数据收集允许管理会计及时将实际发生的数据与预算数据进行比较，评估两者之间的偏差并分析其产生的原因，以明确责任。管理会计还将提出有针对性的改进措施来纠正不利的偏差，并在必要时对预算进行适当的调整。这样的控制过程不仅能帮助企业监控当前的经营状况，也能促进长期目标的实现。

1. 控制标准

全面预算作为企业的总体目标，是评估企业运营效果的主要标准。为了有效实施控制，全面预算中的指标需要根据企业内部的责任单位进行细分，制订各责任中心的职责预算，这将作为评价各责任中心绩效的基准。

2.计量和记录

管理会计需要对企业的实际经营情况进行连续的监测和记录，收集运营中的反馈信息，并定期编制业绩报告，以捕捉每一阶段的经营成果。

3.对比和分析

通过将实际操作的反馈数据与责任预算进行对比，管理会计能够确定偏离的程度，并据此分析各责任中心的绩效表现，识别效率高和需要改进的区域。

4.偏差纠正

管理会计通过分析偏差原因来采取适当措施纠正预算外的偏差，确保企业活动符合战略规划，维持业务目标的达成。

（五）考核评价职能

管理会计中的考核评价过程专注于评估企业内部责任单位的职责执行情况。此过程主要通过执行责任会计制度来完成。管理会计的各个职能相互关联，形成一个完整的循环系统。在这个系统中，预测为决策提供前提，决策又构成规划的基础，规划既反映了预测和决策的结果，又具体化了经营目标，为后续的控制和考核评价提供了依据。

四、管理会计的要素

管理会计主要包括四大要素，如图 5-1 所示。

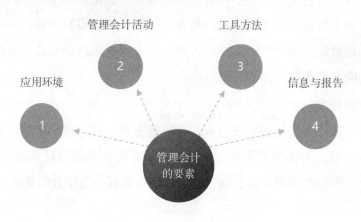

图 5-1　管理会计的要素

（一）应用环境

单位在实施管理会计时，需深入理解和精准分析其应用环境，要对内部和外部环境进行全面考量。内部环境涵盖价值创造模式、组织结构、管理方式、资源保障及信息系统等关键因素，这些都与管理会计的构建和执行密切相关。而外部环境包括经济、市场、法律和行业等方面，这些都会对管理会计的实践产生影响。

单位需对其价值创造模式进行精确的分析，以促进财务与业务的有效整合。基于组织结构的特点，应构建一个涵盖财务和业务人员的管理会计组织体系，以支持管理会计的各项活动。对于条件允许的单位，建议成立专门的管理会计机构，专责管理会计的相关工作。管理模式应用于明确责任主体，确保各管理层级及其内部部门和岗位之间的管理会计职责和权限能够得到清晰划分。同时，应制订具体的管理会计实施方案，确保各项职责得到有效执行。

资源保障是管理会计顺利进行的关键，单位应从人力、财力和物力等方面做好资源整合与优化，提高资源使用效率，确保管理会计工作顺利推进。加强管理会计理念和知识的培训，是提升管理会计团队专业能力的重要途径。单位应将管理会计的信息化需求纳入整体的信息系统规划，通过系统的整合、改造或新建，高效地管理和提供必要的信息，推动管理会计的实施和发展。这样的系统化方法提升了信息处理的效率，保证了管理会计工作的系统性和连续性。

（二）管理会计活动

管理会计活动涵盖使用管理会计信息和工具来支持单位的规划、决策、控制和评价等多个管理层面的一系列行动。在这些活动中，管理会计提供了决策支持，参与了战略规划的制定过程，帮助单位明确了定位、设定了目标，并选择了合适的实施方案。这为制定合理的战略规划奠定了坚实的基础。

为了有效支持战略规划，管理会计需要整合财务与业务信息，确保这些信息能够被及时且充分地利用，以支持单位各层级根据战略规划进行决策。通过设定具体的量化和质化标准，强化分析、沟通、协调及反馈机制，管理会计能够提升控制过程的效率，引导和支持单位持续高效地执行战略规划。

评价体系的设计包括评价战略规划的执行情况及基于管理会计信息进行的绩效考核。这些评价结果用于完善激励机制，同时对管理会计活动本身进行评估和完善，确保管理会计的应用能够不断进步和优化，最终增强管理会计在单位管理中的效用、扩大其影响。

（三）工具方法

管理会计工具方法包括战略地图、滚动预算管理、作业成本管理、本量利分析和平衡计分卡等，是实现管理会计目标的关键手段。这些工具和方法在实际应用中具有高度的开放性，能够随着实践的演进不断丰富和完善。单位在应用管理会计时，需要依据自身的具体情况和管理的特定需求，精选适合自己的管理会计工具和方法。为了增强这些工具及方法的效果，单位应着重推进这些工具的系统化和集成化应用。

管理会计工具主要用于战略管理、预算管理、成本管理、营运管理、投融资管理、绩效管理及风险管理等关键领域，以支持企业管理的全方位需求。

（四）信息与报告

管理会计信息涵盖在应用过程中使用和产生的财务与非财务信息。[①] 单位需通过各种内外部渠道，利用采集和转换等多样化手段，确保获取到相关性高且可靠的管理会计基础信息。单位还应利用现代信息技术对这些基础信息进行进一步的处理、整理、分析和传递，以便满足管理会计的具体应用需求。所产生的管理会计信息应保证相关性、可靠性、时效性和易理解性。

管理会计报告作为管理会计活动成果的重要展现，其目的在于向使用者提供满足管理需求的信息。根据报告周期的不同，管理会计报告可以分为定期和不定期报告；根据内容的不同，可分为综合性报告和专项报告。单位在

---

① 何艳，张薇.管理会计学 [M].苏州：苏州大学出版社，2021：4.

设置报告周期时，通常以公历为准，但也可以根据特定的管理需求设定特别的报告周期。

五、管理会计的原则

（一）提供相关性信息

管理会计的根本目标在于确保决策者能够及时获取相关的信息。这些信息的相关性原则覆盖信息的识别、收集、验证、编制及储存。该原则的核心在于在以下几类信息之间实现恰当的平衡：①涉及过去、现在及未来的信息；②内部与外部的信息；③财务与非财务信息，后者包括环境和社会问题的数据。重要的是，与决策相关的信息必须是全面的。分析所用的数据应当是清晰定义、有序分类且经过筛选的。数据的有效性基于高质量、精确性、一致性及时效性。

管理会计信息呈现连续性，信息来源不局限于过去和现在，还包括对未来的预测，且信息的来源超越了传统的组织界限，可能来自组织内部，也可能来自组织外部，涉及财务和运营系统、客户、商业伙伴、供应商、市场及宏观经济环境。信息既包含量化的财务数据，也包括定性的非财务信息，如环境与社会问题等。

（二）进行有洞察力、有影响的沟通

管理会计旨在增强组织的决策能力，因此提出的所有建议都应简洁明了、方式得当且理由充分，以便在推荐的最佳行动方向上达成共识，并用正确的逻辑加强决策过程。管理会计还需要深刻理解组织所面临的决策需求，确保即将作出的决策和决策者的需求是明确和易于理解的，这要求数据的收集和分析工作必须符合"提供相关性信息"的原则。重要的是，无论信息和分析多么充分，如果不能通过有效的沟通影响决策，促进组织的长期价值创造和保护，那么这些努力也将付诸东流。

（三）分析对企业价值的影响

该原则旨在通过模拟不同场景来阐明投入与产出之间的因果关系，并重

点分析管理会计与商业模式之间的互动。通过构建影响机会与风险的模型，此原则能够量化其对战略成果的影响，并评估各模拟结果对价值创造、保值或价值破坏可能造成的影响。

管理会计依据"提供相关性的信息"原则收集的信息来发展这些场景模型，确保投入的努力与决策的重要性成比例。这些模型的复杂度各不相同：一些较为简单，耗时少；一些则相对复杂，需考虑更多变量和复杂因素。这不仅要求管理会计人员深入理解企业的商业模型，还要广泛了解更宏观的经济环境。

管理会计通过对考虑中的场景结果的深入分析，将信息转化为具体建议。不同的选择会对组织的成本、风险和价值产生不同的影响。场景分析揭示了如何在多个选项之间做出权衡，将机会成本纳入决策考量。场景模型提供了一种验证行动计划的方法，通过严密的逻辑来确保提出的行动方案的有效性。

（四）履行受托责任，建立相互信任

该原则注重通过积极维护各类人际关系和人力资源管理，确保组织的金融与非金融资产、声誉及其价值的安全。有效的管理会计职能依赖于那些能够将管理会计原则应用于实际操作的"能干"人士。只有那些始终坚守良好价值观和进行最佳实践的专业人员，才能成为组织信赖的守护者。

对于人力资源的负责任规划和管理，不仅关乎当前，还应视为培养未来人力资源的重要基础。组织之间，以及组织与客户、投资者、供应商乃至在更广泛社会层面上的关系，均以信任为基石。管理会计专业人员之所以赢得信任，是因为他们展现出了职业道德、可靠性以及对组织价值和社会责任的关注。

该原则强调需警惕潜在的利益冲突，并避免将个人或短期的商业利益置于组织或其相关利益方的长期利益之上。管理会计专业人员的行为应当体现全面性和客观性，对任何可能损害公司价值的决策提出建设性的质疑，确保决策的公正性和适当性。

六、管理会计与财务会计的区别和联系

(一)使用者不同

财务会计与管理会计之间的一个核心区别在于它们的使用者不同。财务会计的报告主要面向企业外部的利益相关者,如股东、潜在投资者、债权人及其他社会团体(包括供应商、客户、员工和政府等)。这些外部使用者不直接进行企业的日常经营管理,他们依靠财务报告来评估管理层的业绩,判断自己在企业中的经济利益,并基于此作出是否继续参与企业活动的决策。因此,财务会计主要承担对外服务的职能。相比之下,管理会计则主要服务于企业内部,特别是管理层。它利用多种专业技术和方法,为企业管理人员提供必要的经济信息,帮助他们设定目标、作出决策、制订计划、执行控制及评估业绩,以促进企业内部管理的有效性。

(二)报告的强制性程度和依据的标准不同

财务会计主要服务于外部使用者,且其报告的编制必须遵循严格的规范,依据公认的会计准则,这使得其报告具有强制性。相对地,管理会计更多地针对企业内部的特定需求,它提供有针对性的信息以支持内部决策制定,因此不受一般公认会计准则(Generally Accepted Accounting Principle,GAAP)的限制。管理会计的报告可以根据企业的具体类型、管理层的需求及决策的具体情况,采用更为灵活多变的方法来收集和处理信息,没有固定的标准或规范来约束其内容或形式。

(三)基本结构有差异

财务会计的基本结构围绕核心会计方程式"资产 = 负债 + 所有者权益"构建,强调资产和财务状况的平衡。相比之下,管理会计的结构主要是围绕支持决策制定、计划编制和活动控制展开,采用与这些功能相关的专有概念和框架,以适应内部管理的需求。

(四)信息类型的不同

财务会计主要处理已经发生的交易和事项,生成的信息主要反映过去的

事件，以货币信息为核心。而管理会计关注和预测未来及正在发生的经济行为，产生的信息面向未来，包括货币信息及大量非货币性信息，如操作效率、市场份额等，以支持管理层的决策和业务优化。

（五）报告形式与频率的差异

财务报告具有较为规范的格式，通常包括资产负债表、利润表和现金流量表等。这些报表主要呈现总括性的财务数据，而对于用户需求日益增多的详细信息，往往通过表下附注或表外披露的方式。根据一般公认会计准则，财务报告必须按照固定的周期（如年度、季度或月度）编制，以展示企业在特定会计期间的财务状况和业绩表现。相对而言，管理会计报告的编制更加灵活，报表可以根据具体需求自由设计。这类报告既可以综合呈现企业整体的详细资料，也可以专注于企业的某个特定部分。在编制频率上，管理会计报告不受固定周期的限制，可以是年度、季度、月度，亦可按周甚至日编制，既可包括对过去某一期间的回顾，也可对未来进行预测。

（六）报告主体的差异

财务报告反映的是企业作为一个整体的财务状况和经营成绩。在多元化经营的企业中，尽管业务可能涉及不同领域甚至跨越多个法律实体，财务报告依然需要将企业视为单一经济实体，反映整体的财务情况。其中有时涉及合并财务报表的编制。而管理会计更加关注企业内部各个组成部分的具体情况，强调对各个产品、作业、部门、员工或其他责任单位的详细分析和评价，以便提供更加精细化的管理和控制支持。

尽管管理会计与财务会计展现出许多不同之处，但它们之间依旧存在密切的联系和互补性。

一是二者均致力于支持管理者在承担资源管理方面的职责。财务会计通过其核心活动（如凭证审核、复式记账法和账务核对等）实现内部控制，旨在提供准确和透明的对外财务报告，帮助管理者释放对外责任，增强外部利益相关者的信任，为企业维持经济合约关系和持续运营提供保障。相对而言，管理会计直接针对企业的运营管理，确保资源得到有效和合理的使用。

二是作为企业会计系统的两个重要分支，财务会计和管理会计都承担着为各类用户提供决策支持信息的责任。所有的会计信息均源自一个集成的财务会计系统。管理会计通过进一步处理这些基本数据，针对管理层的需求发展出专有的理论和方法，提供更具前瞻性的洞察信息。

三是成本会计作为两者的结合点，原本独立发展，后渐融入财务会计的复式簿记系统，成为资产评估和收益确认的基石，核心聚焦于成本核算。同时，随着成本控制与成本会计的结合，管理会计应运而生。

七、企业管理对管理会计信息的需求

企业管理流程依赖于多样的信息支持。这些信息来自经济分析、财务专家、营销及生产团队，更多的则源自管理会计人员。整体而言，企业管理流程中所需的管理会计信息可概括为以下几个方面：

（一）决策支持与计划制订

在竞争激烈的市场环境中，企业经常需要作出关键的战略决策，如进行资产重组、产业转型或确定进入新的行业领域。例如，某公司在考虑扭亏为盈的策略时，可能需要决定是否进行资产重组或是产业转型，另一个公司则可能需要决定是否与外商合资。确定战略后，要制订具体的操作计划，如铁路系统在春运期间的票价调整、车次安排及客车增设等。在这些决策和计划制订的过程中，决策者依赖管理会计提供的信息来评估每种选择的成本和收益，以及这些选择如何影响企业的长远目标和使命。

（二）控制经营活动

一旦战略决策定下并形成具体计划，高层管理者会利用管理会计信息指导基层管理者和执行者，明确他们的职责。基层单位依此信息制订自身的计划（预算），以作为资源分配的依据，并设立业绩指标，如收入、利润、成本和质量等。通过定期的业绩报告，管理者能够监控执行过程，及时发现问题并制定改进措施，确保实际操作与既定目标的一致性。

（三）计量业绩和员工激励

管理会计信息影响员工对自己工作与企业产品或服务之间联系的理解，能够帮助员工将个人目标与组织目标对齐。在这一过程中，管理会计作为桥梁，一方面衡量员工的业绩，另一方面通过激励机制促进员工在实现个人职业目标的同时，为实现企业的整体目标作贡献。

企业管理流程对管理会计信息的广泛需求促使管理会计发展为两个关键分支：决策与计划会计、控制会计，如图 5-2 所示。

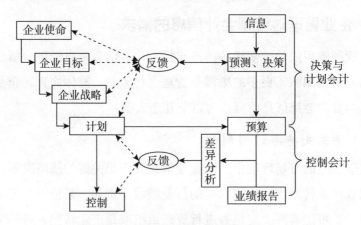

图 5-2　企业管理流程与管理会计

一方面，决策与计划会计主要负责收集和处理涉及企业资源利用的各类财务与非财务信息，以支持企业战略和计划的制定。这一分支通过将决策结果转化为具体的数值，进而编制成综合的预算。另一方面，控制会计从预算执行着手，将预算细化为各责任中心的具体目标，并负责编制业绩报告，对比实际业绩与预算目标的差异，分析偏差产生的原因并明确责任归属。控制会计还涉及通过员工激励措施调整行为或对原计划进行必要的修正，以形成针对未来的改进计划，进而完成管理会计在企业管理中的循环任务。

第二节　数字化时代业财融合管理会计系统的构建

一、业财融合与管理会计的关系

（一）业财融合是管理会计发展的现实需求和必然趋势

在企业运营的各项活动中，包括规划、决策、控制及评价等方面，业务与财务部门共享相同的目标并依赖共同的数据信息，这种共享是通过网络信息技术实现的，确保信息流、资金流和业务流的无缝对接。这样的整合为企业价值创造打下了坚实的基础，既必要又可行。业财融合在企业的变革决策中发挥着关键作用，优化经营和提升效益。它通过消除企业内部部门间的隔阂，打破固有的业务与财务的传统界限，确保财务目标在各部门的具体执行，并通过业务活动进行收集和反馈。信息的持续流动加强了部门间及不同管理层之间的沟通，提高了工作效率，避免了财务与业务数据相脱节。业财融合还对财务与业务人员提出了更高的专业能力要求，强调以企业的整体战略为指导，并加强风险控制能力。

当前，企业在追求高质量发展的道路上面临多重挑战。一是随着全球经济增长速度的放缓，尤其是在国际贸易争端背景下，企业遭受的竞争压力显著增强。在这种环境下，提升管理质量、提高决策效率和降低经营风险变得尤为重要，成为企业生存和发展的关键。二是技术的渗透带来了新的挑战，随着网络信息技术的普及，企业的运营组织模式发生了根本性变革，对信息的依赖程度也大幅提升。三是传统的财务信息处理方式已无法满足现代企业管理的复杂需求，在客观上要求企业将业务信息与财务信息进行深度融合。

（二）管理会计为业财融合提供切入点

1.将全面预算管理作为切入点

全面预算管理在业财融合中起核心作用，调动了各部门人员的积极性，显著提高了跨部门的沟通效率。为解决预算编制过程中可能出现的问题，企业可以根据实际情况设立一个业财融合预算委员会，负责预算的监督和协调工作。该委员会通常由各关键部门的核心成员组成，拥有一定的决策权和发言权。预算委员会负责讨论和编制预算报告，各职能部门则积极配合，运用先进的信息技术进行细致的预算分配。委员会还可以定期（如每周或每月）总结并编制总预算报表，以便及时识别和分析预算执行中的不足之处。

2.将成本管理作为切入点

成本管理通过精确的成本预测、预算和控制流程，持续优化成本结构并尽量减少非增值活动，提高成本效益。将成本管理作为业财融合的切入点，有助于从源头实施成本控制，优化资源配置。在具体操作中，成本目标被细化至每一个工序，责任也被分配至各部门的相关人员。财务人员需深入生产现场，详细了解产品的生产流程，与业务人员紧密合作，确保财务信息的实时性和准确性。全面预算管理将企业战略方针贯彻到各个部门，需要各部门人员的密切配合和协作。

3.将投资管理作为切入点

对于处于扩张阶段的企业，投资管理是不可回避的重大议题，涉及新产品线的投资、企业并购扩张等活动。将投资管理作为业财融合的切入点，可以更好地整合和配置资源。投资管理过程可以划分为三个阶段：前期评估、中期监测和后期维护。在前期和中期，财务部门需要根据市场状况为其他部门提供详尽的可行性评估，分析潜在风险，以最大化收益和最小化潜在损失。后期则依据各部门提供的数据，总结投资经验、吸取教训。

二、业财融合管理会计信息系统框架

（一）构建层级

1. 平台层

平台层是企业信息框架的基础部分，包括 ERP 系统、管理系统、计费系统和生产管理系统等，主要确保数据的全面性和及时性。该层广泛收集业务与财务数据，涵盖结构化及非结构化形式。ERP 系统在客户资源管理、项目操作、物资采购与生产销售等关键环节中是信息收集的中心。为加强数据与应用层的功能，必须从平台层获取尽可能详尽的数据。这要求管理会计人员持续优化数据系统，保证全面对接及加快收集的速度、提高收集的精度。

2. 数据层

数据层在企业框架中承担了将平台层提供的数据进行分类和安全保管的重要职责。具体而言，数据被细分为经营利润、销售分析、客户资料及成本等类别存储于计算机系统内。为确保数据安全性与完整性，企业需要定期更新其硬件和软件设施，并通过应用大数据和云计算技术进行数据的集中处理。这种处理方式有助于实现财务共享管理，支持企业集中精力推进核心业务，能够有效提升企业核心竞争力。在管理层面，数据层的作用是确保数据根据需求被正确地分类并存储在适当的数据库中。这使得管理者能够迅速且准确地获取决策所需的数据，有效地运用这些资料来支持商业决策并最大化挖掘数据的市场潜力。

3. 应用层

在企业信息框架中，应用层的主要任务是深入分析和预测存储于不同类别数据库中的数据，并据此制定一系列具体的业务战略。这些战略覆盖市场营销、投资方向及产品资金增加等关键领域。尽管这些方案在表面上看起来是独立的，实际上它们是紧密相连的，相互影响并共同推动企业的整体发展。在制订市场营销方案时，应用层会综合分析行业特点、销售区域、政策环境、客户特征及企业当前状况，确立具体且行之有效的营销和产品增资策略。同理，当企业探索投资方向时，会基于对数据库的深入分析，对企业的经营渠道、客户群体、产品结构及利润来源进行细致划分，以精确地定位资金投入和业务发展的最佳途径。

（二）逻辑框架

管理会计系统的智能化基于大数据分析，形成了一个人网交互和人机共融的环境。这个系统结合了人工智能技术和人类财务专家的专业知识，建立了一个以数据收集、传输和管理为底层，管理会计应用为上层的逻辑框架。基于大数据分析的管理会计系统逻辑框架如图5-3所示。

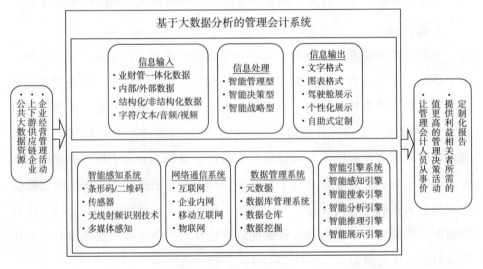

图 5-3　基于大数据分析的管理会计系统逻辑框架

管理会计系统的底层功能包括数据收集、传输和管理，这些功能通过多种先进技术实现。首先，智能感知系统运用条形码、传感器、无线射频识别（RFID）、光学字符识别（OCR）等技术，动态监测企业的内部经营及外部环境，自动采集所需数据。其次，网络通信系统利用物联网、互联网、移动互联网及卫星通信网络，实现数据的高效传输和共享。再次，数据管理系统存储大数据，分析必需的元数据和各类交易处理数据（包括业务、财务和管理活动数据），并通过数据仓库及数据挖掘技术提供支持，为上层的数据处理和分析奠定坚实基础。最后，智能引擎系统包含多种智能组件，如智能感知引擎、智能搜索引擎、智能分析引擎、智能推理引擎和智能展示引擎等，针对具体的管理决策问题，满足应用层对智能处理的需求。

智能管理会计的应用层是一个全面的信息处理系统，覆盖信息的输入到输出全过程。在信息输入环节，系统能够智能化地收集企业内部的经营数据及外部相关信息，依据会计信息处理标准，通过人机合作确保信息的统一输入。在信息处理阶段，管理会计演变为一个学习型系统，不只依赖传统知识，更加强调人的判断和决策能力。在当今时代，管理会计专业人员需要增强对整体业务的控制能力、洞察力和预测能力。智能管理会计系统集成了大数据分析、数据挖掘、商业智能、神经网络、机器学习及深度学习等多种先进技术，打破了传统管理会计仅限于处理交易性活动的界限，引入了融合财务预测、控制、分析与决策的高价值管理功能。系统还扩展到战略决策领域，通过分析、推理、判断、构思和决策过程，部分取代了人类专家在管理会计中的角色。在信息输出阶段，系统利用其底层的多种智能引擎，对管理决策问题进行实时、动态的处理，以直观和定制化的方式展现业务、财务和管理信息的综合报表。这种信息展示方式旨在满足企业内部和外部用户对个性化和多样化信息的需求。

三、业财融合管理会计系统功能模块

（一）战略管理模块

战略管理模块通过深入收集和分析企业内外部数据，运用多种工具进行经营环境和企业发展趋势的预测，以科学地指导企业战略层确定未来发展方向和制定战略目标。该模块包括五个子模块：战略分析、战略制定与分解、战略执行控制、战略评价和战略调整，全面服务于企业的战略管理。

1.战略分析模块

在规划企业战略时，战略层深入分析战略报告，并巧妙融合系统知识库中的宝贵经验与个人实践智慧，以精准定位企业的战略目标。通过运用战略地图这一强大工具，这些宏伟目标被细致地拆解至财务稳健性、客户满意度、内部运营优化及学习与创新能力等多个维度，确保了目标的全面覆盖，清晰展现了各维度间错综复杂的互动关系。这一系列高瞻远瞩的战略目标被巧妙地转化为一系列具体而细微的短期经营指标，这些指标既涵盖直观可测的财务指标，又包括反映企业长远发展潜力的非财务指标。这一过程使战略目标变得更加可操作、可衡量，也为后续执行层提供了清晰的方向指引与绩效评估依据。

2. 战略制定与分解模块

在制定战略时，战略层凭借对战略分析报告的深刻洞察，以及汲取系统知识库中累积的智慧精华与自身实战经验的滋养，最终成为企业前行的战略目标。随后，借助工具库中战略地图这一精妙工具，将目标细化为财务稳健、客户满意、内部流程高效、学习与成长并进等多维度的具体路径，且清晰勾勒各维度间的相互依存与促进关系。这些高屋建瓴的战略目标再被层层拆解，转化为一系列贴近实战、易于执行的短期经营目标。它们承载着战略的深远意图，更通过精细的量化手段，将提升财务绩效的硬实力与非财务指标的软实力巧妙融合。

3. 战略执行控制模块

企业的业务层根据战略层设定的目标来执行战略。系统能够实时监控各责任中心的执行状况，并及时将执行数据反馈给战略层，确保战略层对企业运营和战略实施的情况有清晰的认识，这直接关系到企业经济效益的提升。

4. 战略评价模块

通过预设的战略评价指标来对战略执行情况进行评估和分析。基于这些分析，对表现不佳的业务活动进行剖析，以识别问题原因，从而提出有效的改进方案，形成战略评价报告并据此进行奖惩。

5. 战略调整模块

当外部或内部环境发生变化，影响到战略目标的实现时，战略层将依据战略执行情况和评价结果对战略进行必要的调整，确保企业能够灵活应对环境变化，保持战略的有效性和适应性。

（二）全面预算管理模块

全面预算与企业的战略紧密相连，且直接影响各项业务活动的执行。此模块整合了战略规划、预测、实施、控制、分析和评价等多个方面，要求所有员工的参与，以确保对企业经营活动的全面把控和反映。全面预算管理的主要职能是在对未来经营情况进行全面科学预测的基础上，通过计划和预算将公司的总体战略目标和具体经营目标逐级分解至各部门和责任单位。在这一过程中对内部资源进行精确配置，并实时监控资源利用情况及预算执行情况。最终，通过对执行结果的评价，及时将反馈结果传递给企业管理层和业务操作层，以持续优化和调整业务执行策略。

1. 预算目标设定

此阶段始于对企业战略管理报告的深入分析，利用预算模型和趋势分析法等内置工具，基于收集的企业内外部数据对未来一段时间内的市场环境和经济状况进行预测。这些预测能帮助预算委员会设定总预算目标。在此基础上，通过自上而下的方法逐层分解目标，直至形成各责任中心的具体预算目标。这些目标被进一步细化为财务和非财务指标，并记录在相应的预算目标表中，为后续的预算编制和执行提供依据。

2. 预算编制

在此阶段，各责任单位根据预先定义的预算模板填报预算数据或指标，并将其提交给预算委员会。预算委员会负责将这些数据汇总并审批。在审批过程中，委员会评估各项预算是否与总预算目标保持一致，不符合要求的预算表需返回修改而后重新审批。通过审批的预算表将自动保存，形成正式的预算目标表，指导各责任单位开展业务活动。

3. 预算执行控制

旨在通过预算管理委员会对各责任单位的预算执行进行实时监督。此阶段分为预算数据追踪和预算预警指标设定两个子功能。预算数据追踪通过实时数据可视化监督预算的执行情况；而预算预警指标（如生产率、库存周转率等）的设定帮助监控业务执行与预算目标的偏差，超出设定区间即自动触发报警，确保业务活动严格按照预算目标推进。

4. 预算分析与评价

预算分析功能的核心在于自动化地将实际执行数据与预算目标表进行详尽对比，这一过程涵盖多维度、多层次及多角度的差异剖析。系统在此环节中精准识别出实际与预算间的不符之处，并探究其根源，随后提出有针对性的改进策略，最终汇总成差异分析报告。此报告需迅速传达至各责任单位负责人手中，作为其调整业务活动、优化流程的重要依据。随后进入预算评价阶段，该阶段依托预先确立的预算考核指标，运用科学的方法全面评估预算执行的成效。此举旨在强化预算管理机制，确保预算目标的有效达成。评价完成后，形成预算考核评价报告。该报告总结了预算执行的总体表现，深入分析了存在的问题与亮点，为进一步提升预算执行质量与效率提供了有力支撑。

5. 预算调整

在预算调整流程中，责任单位依据当前运营的实际需求，主动发起预算调整申请，并提交详尽的报告。该报告需明确阐述调整的必要原因及具体规划。随后，预算委员会承担起关键职责，对每一份申请进行深入细致的审查与评估，再依据评估结果，审慎作出"予以批准"或"不予批准"的明确决定。

特别值得注意的是，对于那些涉及重大预算变动的调整申请，流程中增设了更为严格的审批环节。此类申请需逐级上报至管理决策层，接受更高层次的审议与决策。这一机制的设计旨在确保预算调整的时机选择恰当且调整幅度合理，进一步赋予企业更强的灵活性，以有效应对外部环境与内部运营条件的动态变化。

（三）成本管理模块

企业经济效益的根本在于成本管理，驱动着利润的增长。企业资源经由成本运作而增值，再通过市场销售或服务传递，实现价值流转，创造经济回报。因此，实施精细化的成本管理策略，对企业发展具有无可估量的重要作用。该管理模块深度融合了全面预算与绩效评价，全面覆盖了企业价值链，运用先进方法与模型，在成本的事前规划、事中控制及事后分析评价三个维度上精准施策，最终编制成详尽的成本管理会计报告，为各级管理层提供坚实的数据支撑与决策参考，确保企业战略目标的精准落地与持续优化。

1. 事前成本管理

此功能集中在成本预算的编制过程中，强调采用精益管理和价值链管理的理念。在确保满足客户需求的前提下，企业需对内部业务流程进行价值分析，评估各项支出成本对经济绩效的贡献，并淘汰那些低经济效益或低价值的业务流程。通过这种方式，企业能够优化业务流程，确保每一环节均能对企业经济绩效作出积极贡献，并构建一条高效益的价值链，以实现资源的最优化利用并转化为企业的价值流。

2. 事中成本管理

此阶段聚焦于企业各项业务活动实际成本信息的全面监控与即时反馈，其核心在于促进财务与业务流程的深度融合，通过扩展财务数据采集的广度与深度，实现自研发设计至生产制造，直至售后服务的全生命周期覆盖，确保产品整个生命周期内的成本数据被完整记录且可被追踪。

系统需运用先进的信息处理技术，挖掘非财务领域的宝贵数据资源，如剩余工作量、剩余人工量等关键指标，以及那些易于被忽视的沉没成本信息，通过高效的数据处理与分析，提炼出对企业决策具有指导意义的价值信息。最终，系统以直观、实时的方式展现这些数据，为管理层提供全面、准确的成本视角，助力企业精准把控成本动态，优化资源配置。

3. 事后成本管理

事后成本管理的主要任务是对企业各业务的实际成本进行详尽的分析与评价，包括财务人员将实际成本数据与成本预算目标表、标准成本表、成本考核表等进行比较分析，与行业对标，将企业的相关成本进行对比，以识别问题并找出其原因。针对发现的问题，制定改进措施，形成成本分析报告。根据预设的成本考核指标对各业务部门进行评价，生成成本评价报告，以此作为业务优化和资源配置的依据。

（四）投融资管理模块

企业战略的有效实施，深刻依赖于投资活动的有力驱动。融资活动是确保投资活动得以顺畅进行的核心要素。投融资管理模块作为关键枢纽，其核心价值体现在依托全面深入的内外部信息，对投融资项目进行严谨细致的分析与评估。该模块贯穿于项目实施的每一个环节，实现全程监控与动态调整，还通过科学的评估体系，对执行效果进行客观公正的总结与反馈。最终，模块将整合所有信息，编制详尽的投融资管理报告，为企业的投融资决策提供坚实的数据基础与决策依据。投融资管理模块可细化为投资与融资两大紧密关联的板块，两者相辅相成，共同推动企业战略目标的稳步实现。

1. 投资管理

投资管理主要通过投资分析、投资控制和投资评价三个子模块来实现对企业投资活动的全面管理。该过程始于对投资项目的可行性进行细致分析，进而对其执行进行严格监控，并最终对其投资成效进行评估，以支持管理决策。

（1）投资分析。此子模块依托统一的数据平台，综合利用企业内部的关键数据（如现有资金、技术资源）以及通过数据爬虫技术收集的投资对象信息。在此基础上，应用净现值、内含报酬率等财务工具对项目的经济可行性进行深入分析，并形成详尽的投资分析报告。

（2）投资控制。在投资控制阶段，系统对启动的投资项目进行实时监测，跟踪项目进展、资金使用情况及资金占用成本，确保所有投资活动都严格按照预定的预算执行。这一环节的目标是及时调整和控制投资流程，防止预算超支和项目延误。

（3）投资评价。在投资评价阶段，通过预设的投资评价指标对实际投资活动进行全面考核，并根据投资结果提出建议。这些评价报告为管理层提供实证支持，帮助他们就继续投资、调整或终止项目作出明智的决策。

2. 融资管理

融资管理首要任务在于紧密对接企业投资需求，依托融资预算蓝图，剖析各融资方案的可行性，并对其实施进展与效益展开动态监督与绩效评估。这一过程可细化为融资分析、融资控制、融资评价三大维度。融资分析聚焦于企业资本结构透视、融资需求量化及外部环境研判，精心平衡融资收益与风险，编制可行性分析报告，为管理层决策铺路。融资控制专注于融资后端的精细管理，通过构建一体化融资台账，实时监测还款动态，确保资金流稳健。而融资评价环节依据预设投资预算评估标尺，对融资实践进行全面考核，剖析企业偿债能力、潜在融资风险，并汇总成融资评价报告，旨在持续优化融资策略，为企业融资活动的高效推进保驾护航。

（五）风险管理模块

风险管理的任务是全面监控、识别、评估和应对各种潜在的风险，确保这些风险得到有效管理并严格控制在企业的可承受范围内。风险管理模块通过以下五个关键子模块来实现这一目标：

1. 风险识别

在企业战略规划的早期阶段，通过对内外部风险的预测和识别，企业能够预见可能面临的风险。在风险识别过程中，企业利用风险数据集市中的历史数据设定特定的预警值，以优化风险控制。由于内外部环境的复杂性和多变性，企业需识别新的潜在风险，包括从数据中心集中收集关于企业运营中的风险事项、事件和因素的数据，并将这些信息记录在风险主题数据集市中，便于后续的集中处理和分析。

2. 风险分析

对于已识别的风险，企业运用专门的风险评估分析工具进行剖析，这一过程详尽覆盖了风险根源的追溯、特性的界定、发生概率的评估、潜在持续周期的考量，以及对可能引发的负面效应的预测。在综合考量各项因素后，系统根据风险的严重程度自动进行排序，并高效生成详尽的风险清单。这一清单作为关键信息载体，直接服务于管理层的决策过程，使其能够依据精确的风险分析结论，制定出更为有效的风险控制策略与措施。

3.风险预警监测

基于风险清单，设定各风险的预警指标和预警区间，预警点位于风险发生的源头，使得企业能够及时监测风险的动态。当风险数据超过预警区间的临界值时，系统会自动发出预警信号，使企业能够迅速做出反应。

4.风险应对

一旦接收到预警信号，各级管理层需根据企业的风险管理目标采取相应的对策来有效地应对这些风险，包括调整策略、资源重新配置和应急计划的执行，以最小化风险的潜在影响。

5.风险管理评价

风险管理过程的最后一个环节是评价。这一功能通过预先设定的评价指标来评估企业各责任单位的风险控制活动的效果，形成风险管理评价表，这有助于持续改进风险管理策略和实践。

（六）绩效评价管理模块

绩效评价管理模块旨在深度融入企业战略导向，紧密关联资源分配、业务运作及组织行为模式。通过绩效考核机制与激励措施的有机结合，该体系旨在激发员工对预算目标的高度执行力，确保企业资源在各项业务领域的精准投放与高效利用，加速推动企业战略目标的达成。具体而言，该模块依据实际业务成果，对每位员工进行客观、公正的绩效评价，并以此为基础，实施差异化的奖惩措施，旨在通过强化正向激励效应，激发员工的积极性与创造力，推动整体绩效水平的持续提升与优化。

1.绩效目标设立与分解

绩效管理部门首先依据公司的总战略目标设定绩效评价的总目标，然后将这些总目标根据不同管理层级和业务维度分解成具体的绩效子目标，并将绩效目标及其分解报告向下分发至各管理层级，确保所有相关人员都能明确自己的绩效责任和期望。

2. 绩效追踪

在绩效追踪过程中，通过系统后端的 ETL 工具（Extract-Transform-Load，即抽取、转换、加载）实时查询并处理来自企业业财系统的绩效数据。利用数据挖掘和在线分析处理技术，对数据进行深入的多维度分析。同时，通过可视化技术给各层级管理者实时展示各项绩效指标的完成情况，从而有效追踪绩效目标的达成情况。

3. 绩效评价分析

绩效评价部门定期或不定期对企业全体成员的业绩进行考核评价，分析考核结果，对于未达成预定目标的情况，应识别原因并提出改进策略；对于超额完成的情况，应进行深入分析和总结，以优化企业的业务及管理流程。最后，形成详尽的绩效评价报告，为企业管理层提供决策支持。

（七）管理会计报告模块

管理会计报告模块，作为企业内部信息的集大成者，其核心在于汇聚并整合纷繁复杂的管理会计数据，实现报告的全面统一管理。各管理会计报告虽各具特色，却紧密相连，共同服务于企业战略规划、决策优化、过程控制及绩效评估等关键管理环节。通过此模块，企业信息得以跨层级高效流通，决策支持响应迅速，有效促进资源优化配置，加速经济效益与价值创造的双重飞跃。可以认为，管理会计报告模块是驱动企业智慧决策、资源高效整合与价值持续提升的强大引擎。

四、大数据分析下的管理会计系统的实施

（一）企业需求推动

企业在制定发展战略时必须明确识别并充分利用大数据分析的趋势，确保系统的实施既符合法律法规，又考虑了社会影响。在当前的商业环境中，企业面临多方面的战略需求：第一，激烈的市场竞争推动企业寻求成本降低和效率提升的解决方案。第二，管理会计的转型升级要求会计人员有效利用数据分析技术以创造新的价值。第三，企业需满足利益相关者对信息的需

求，这要求提供实时、动态和定制化的管理报告。为了满足这些需求，企业需建立完善的管理体系，构建合理的组织架构，并优化业务流程，保证企业治理机制、管理框架、业务流程和信息系统的高效协同。

（二）技术供给和资源供应推动

技术进步，尤其是新一代人工智能技术的发展，为管理会计系统奠定了坚实的理论和技术基础。关键技术如大数据智能、跨媒体感知智能、混合增强智能、群体智能及自主协调控制与决策技术的突破，不仅增强了系统的学习能力，还提升了人机交互和群体协作的效率。此外，与这些系统相关的资源供应日趋丰富，软硬件系统供应商、咨询机构、高等教育机构和研究院所、教育培训和外包服务机构等，均可为企业提供必要的技术、硬件、软件、数据、信息和人才支持。

（三）外部环境影响

外部环境的多重因素深刻影响着企业构建基于大数据分析的管理会计系统。政府以法规、准则等为抓手，引领并规范该系统的发展。同时，经济繁荣度、社会文化氛围、公众对大数据的信任度、法律对数据隐私的保障力度、信息技术的成熟度及公共数据资源的丰富性、可靠性、开放性和实用性，均可成为不可忽视的外部驱动力与制约条件，共同塑造着企业管理会计的未来格局。

第三节　数字化时代业财融合下企业管理会计报告的优化

一、管理会计报告概述

（一）管理会计报告的定义

管理会计报告的定义尚无广泛的共识，甚至连名称也有多种说法，如内部财务报告、内部管理报告等。这些报告在概念、内涵、要素、维度和体系方面仍缺乏统一的理解。根据《管理会计应用指引第 801 号——企业管理会计报告》，管理会计报告是企业应用管理会计方法，并基于财务与业务的基本信息整理形成的，旨在满足企业价值管理和决策支持的内部报告。[①]

企业内部存在各种形式的报告，如战略规划报告、人力资源报告、研究开发报告和绩效评价报告等，但这些报告并不全部属于管理会计报告。管理会计报告的核心在于提供信息服务，其形式多样，并不限于文本报告。这类报告的主要目的是总结、设计并规范管理会计的信息输出，以便更有效地达成管理会计的目标。管理会计报告的范畴与管理会计的范围相匹配，涵盖管理会计应覆盖的所有内容和方面，它的最终目标与管理会计的目标一致。通过管理会计报告，企业能够建立一个有效的信息沟通和控制渠道。这一渠道能够连接组织的各个层级，确保管理者的决策和员工的执行能力在快速变化的经营环境中与公司策略保持一致。

（二）管理会计的目标

管理会计的本质在于为企业内部提供服务，其方法灵活，面向未来，且

---

① 马俊云，李雪 . 会计学 [M]. 上海：立信会计出版社，2022：211.

其会计信息不受传统会计准则的限制。作为管理会计成果的表现形式，管理会计报告的主要目的是为企业的规划、决策、控制和评价活动提供有用的信息，具体目标包括以下几个方面：

第一，管理会计报告致力于解析历史数据。它通过深入加工、重组和分析过去的财务与业务数据，使管理层具备洞察能力，以便更有效地进行未来的规划和决策，以及控制当前的业务活动。

第二，报告的目的是帮助企业掌控当前运营。通过设定和监测关键性能指标，管理会计报告帮助企业纠正计划实施过程中出现的偏差，确保企业活动能够按照既定战略方向有效执行。

第三，管理会计报告在企业的未来规划中发挥着关键作用。它利用收集到的财务及非财务信息，结合现代化的信息技术和管理工具，进行详尽的科学分析，以支持企业管理层进行全面、及时的未来规划。

（三）管理会计报告的分类

管理会计报告按照其使用者所处的管理层级，可以分为以下三类，如图5-4 所示。

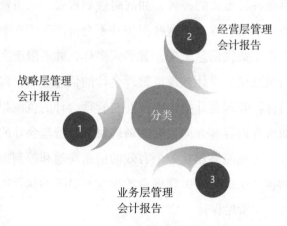

图 5-4 管理会计报告的分类

1.战略层管理会计报告

战略层是企业中的最高决策体，其决策的重要性体现在：其一，直接关系到企业的成败；其二，其影响具有长期性。例如，企业的市场定位、重大融资、投资决策、商业模式的选择及经营战略等，都是在这一层面进行决策。战略层的决策者需对资源如何配置具有清晰的视野，这要求他们深入了解宏观经济环境和行业政策，准确评估行业的未来发展趋势和公司自身的资源优势。所以，针对战略层的管理会计报告应提供全局性和综合性的信息，这类信息应能揭示未来发展的方向，辅助战略的制定，并对战略的实施情况提供反馈，以优化资源配置。

战略层管理会计报告的主要目的是为企业顶层的战略规划、决策、控制和评价提供必要的支持。这类报告主要服务于企业的战略层，如股东大会、董事会和监事会等。在内容上，战略层管理会计报告包括战略管理报告、综合业绩报告、价值创造报告、经营分析报告、风险分析报告、重大事项报告及例外事项报告等。这些报告可以单独提交，也可以根据需要整合后提交。虽然这类报告的使用频率不及其他层级频繁，但鉴于其对企业发展的重要性，对这些报告的质量要求极高。

（1）战略管理报告。此报告基于 SWOT 分析和价值链分析等工具，主要内容包括内外部环境分析、战略选择与目标设定、战略执行及其结果和战略评价。报告重点是对比本企业与竞争对手的优劣势，明确列出获得竞争优势的关键因素，如产品、市场份额、定价策略、成本控制和产量，并以此为依据制定竞争战略、设定目标，规划战略的执行路径和方法。

（2）综合业绩报告。此报告根据设定的竞争目标和竞争优势要素，确定关键绩效指标，并据此编制战略预算（通常包括资本预算）。内容涵盖关键绩效指标预算及其执行结果、差异分析及其他重大绩效相关事项。在战略执行过程中，通过对预算执行结果的差异分析，报告还将指导战略的修订和完善。

（3）价值创造报告。此报告内容包括价值创造的目标、价值驱动的财务与非财务因素、内部各业务单元的资源占用及价值贡献以及提升公司价值的具体措施。

（4）经营分析报告。此报告包括经营决策的执行回顾、本期经营目标执行的差异及其原因分析、影响未来经营状况的内外部环境与主要风险分析，以及下一期的经营目标和管理措施。

（5）风险分析报告。此报告内容围绕企业全面风险管理工作的回顾、内外部风险因素的分析、主要风险的识别与评估及风险管理工作的计划。

（6）重大事项报告。此报告专注于企业的重大投资项目、重大资本运作、重大融资、重大担保事项及关联交易等。

（7）例外事项报告。此报告包括管理层变更、股权变动、安全事故、自然灾害等偶发事件的报告，为企业提供即时的危机应对和管理信息。

2.经营层管理会计报告

经营层作为企业的中层管理层，承担着将战略层制定的宏观战略分解并执行的任务。这一层的管理人员必须紧密对接战略层，依据上层的战略意图来进行具体的管理操作，确保部门运作流畅及资源得到有效利用。由于经营层管理的特性，这一层的决策者除需要掌握概括性的总体信息外，还需了解详尽的具体信息，包括成本、收入、资产、绩效和投资等各个方面。鉴于其日常性的管理需求，经营层管理会计报告的使用频率较高，其内容相较于战略层的报告应更加详细和具体，以适应日常运营的信息需求。

（1）全面预算管理报告。此报告主要涵盖预算目标的制定及其分解，执行过程中的差异分析，以及预算的绩效评估。这些内容能帮助管理层监控预算执行的准确性和效果，确保企业财务计划的实施与企业战略目标一致。

（2）投资分析报告。此报告包括投资的对象、金额、结构、进度、效益、风险和管理建议等。该报告提供详尽的投资相关信息，帮助企业评估投资项目的可行性和潜在风险，从而作出合理的投资决策。

（3）项目可行性报告。此报告通常由业务部门编制，财务部门负责其中的财务评价和风险分析，内容包括项目概述、市场预测、产品方案及生产规模、选址、工艺与组织设计方案、财务评估及项目风险分析等。报告的结论和建议将指导企业是否启动项目，确保项目的经济和技术可行性。

（4）融资分析报告。此报告包含融资需求测算、融资渠道与方式的选择、资本成本分析、融资程序、风险及其应对措施和融资管理建议，旨在为企业筹资活动提供指导，无论是以企业为整体还是以特定项目为主体进行编制，均可提供必要的融资决策支持。

（5）盈利分析报告。此报告深入探讨盈利目标及其实现程度、利润的构成及变动趋势、影响利润的主要因素及变化情况，以及提高盈利能力的措施。通过对收入和成本的详细分析，报告可服务于集团或单个企业，也可基于责任中心、产品线、地区或客户等维度，为各级管理层提供精准的盈利预测和改进措施。

（6）资金管理报告。此报告可详述资金管理的目标及主要流动资金项目（如现金、应收票据、应收账款和存货）的管理状况，分析资金管理的现存问题及其解决策略。对企业集团而言，报告将覆盖资金管理的模式（集中与分散）、资金集中的方式与程度及内部资金往来的情况。

（7）成本管理报告。此报告包括成本预算与实际成本的比对、成本差异及其形成原因的分析，以及为提升成本效率提出的具体措施，能帮助管理层识别成本控制过程中的关键问题并制定相应的策略。

（8）绩效评价报告。此报告内容包括绩效目标的设定、关键绩效指标（KPI）的选择、实际执行结果与目标的对比、差异分析及评估结果，并提出相关的改进建议。绩效评价可以针对整个企业或特定的责任中心进行，涵盖的关键绩效指标可能包括利润、利润率、经济增加值等，报告编制方法可能基于单纯的财务指标，也可能结合财务与非财务指标（如平衡计分卡）。

3. 业务层管理会计报告

业务层管理涉及企业的基层管理人员，如车间主任、采购主管、销售主管等，他们负责实际执行公司政策和战略，直接影响产品销售、设备利用和成本控制等关键运营。业务层的决策需要非常具体和及时的管理信息，以确保日常运营的有效性。因此，业务层管理会计报告需要非常详尽，包括每个生产工人、销售人员、生产线和设备的具体情况，以便提供精确的操作和监控支持。

这类管理会计报告专为企业的日常业务活动提供详细信息，服务于企业的各业务部门和职能部门，包括车间和班组等。报告内容需针对各部门或小组的核心职责和业务目标量身定制，确保信息的具体性和数据的充分性。典型的业务层管理会计报告包括研发、采购、生产、物流、销售、售后服务及人力资源等各领域的详细业务情况。

（1）研究开发报告。此报告由研发部门编制，内容围绕研发项目的背景、主要研发活动、技术方案及进度和项目预算。它是基于企业的竞争战略和市场需求，对技术和产品发展的需求而制定的。研发报告涵盖技术层面的详细信息，财务部门负责提供与之相关的资金支持安排及研发绩效的财务评估。

（2）采购业务报告。此报告由采购部门负责编制，详细说明采购业务的预算、执行结果和差异分析，并提出改进措施。报告侧重于采购的质量、数量、时间和价格等关键指标。财务部门在此基础上进行成本计算和资金管理，确保采购活动的财务效率和效果。

（3）生产业务报告。此报告由生产部门编制，包括生产活动的预算、执行结果、生产成本、数量、质量和时间等信息，并进行差异分析和提出改进建议。财务部门根据生产数据进行成本计算和资金分配，以支持生产活动的财务管理。

（4）配送业务报告。此报告涉及配送业务的预算、实际执行情况及差异分析，并提出相关改进措施。关注重点包括配送的及时性、准确性及损耗情况，特别是将妥投率作为核心绩效指标，以评估配送效率和客户满意度。

（5）销售业务报告。此报告由销售部门编制，包括销售业务的预算、执行结果和差异分析及改善建议，强调销售数量和质量的结构分析。财务部门专注于管理应收账款周转率和销售收入率，确保资金流的健康。

（6）售后服务业务报告。此报告内容包括售后服务的预算、执行情况、差异分析及改善措施，着重于评估售后服务的客户满意度及服务质量对客户忠诚度的影响，是评价服务效果的重要工具。

（7）人力资源报告。此报告由人力资源管理部门编制，内容涵盖人力资源的预算、实际使用情况、差异分析及改善建议，重点分析人力资源的配置效率和绩效考核结果。财务部门关注人力资源的成本效益和效果评价，以优化人力资源管理。

二、数字化时代业财融合下管理会计报告的优化对策

（一）战略层管理会计报告的优化

1. 改进提供业务信息的管理会计报告

（1）战略管理报告。战略管理报告的目的是为企业创造长期、可持续的价值，这些报告经过业财融合后进行了内容上的优化和细化，增加了有针对性的四种战略报告——战略制定报告、战略执行报告、战略评价报告及战略调整报告，以全面支持战略层对企业战略的分析、制定、执行与评估。第一，战略分析报告。在此报告中，企业应用 PEST 分析，即政治（Political）、经济（Economic）、社会（Social）和技术（Technological）分析深入探讨了政治、经济、社会文化及技术发展因素。同时，通过 SWOT 分析，即优势（Strengths）、劣势（Weaknesses）、机会（Opportunities）和威胁（Threats）分析，确定公司面临的机会和威胁，并使用波特五力模型来分析竞争环境，包括供应商的定价能力、购买者的议价能力、新进入者和替代品的威胁及同行业竞争的强度。第二，战略制定报告。根据上述战略分析的结果，战略层将公司的愿景与使命具体化为战略目标。这些目标涵盖财务关键指标及非财务指标，为制造、研发、营销及其他职能部门提供了明确的年度战略目标。这一过程确保了所有部门的目标与公司资源的有效对接，促使战略执行者更加主动地实现这些目标。第三，战略执行报告。此报告描述了如何将企业的战略规划和目标通过各级员工的共同努力实现。一旦管理层确立战略目标，这些目标便迅速向经营层和业务层传达，并在营销、研发、制造及各职能部门中进行分解和实施。利用财务共享中心的现代化财务工具加强战略管控，

确保战略目标在公司的每一个操作流程中得到有效落实。[①] 通过战略地图的应用，结合财务、客户、内部业务流程及学习与成长四个维度，制作战略因果关系图，为管理层提供一个直观的视角，以监控战略目标的达成情况。第四，战略评价报告。基于战略执行报告，此报告评估战略目标的实施效果，指出需要改进的领域，并提出具体的修正措施。通过分析内外部环境、资源配置、风险容忍度及实施的时间框架和进度，战略评价报告不断优化战略管控流程。第五，战略调整报告。作为战略管理报告系统的汇总和总结，战略调整报告基于内外部环境的变化和战略评价的结果进行编制。该报告通过比较实际的运营情况、运营环境及战略执行的效果，调整了战略目标，以确保公司各层级能够准确掌握和调整战略方向。

（2）经营分析报告。为了更有效地实现战略与经营目标，对战略层的经营分析报告体系进行了拓展和细化。包括经营计划报告、经营计划执行报告及经营计划调整报告，并将原有的季度/年度经营运行分析报表整合至经营监控与分析报告中，同时增设了经营绩效管理报告。这些报告共同支持战略层的决策过程，具体内容如下：

第一，经营计划报告。此报告涵盖从长期到短期的经营计划，涉及销售、生产、人力资源、产品开发、技术改造及固定投资等多个方面。在制订经营计划时，企业基于战略目标与当前经营目标，综合考虑宏观经济形势、行业发展趋势及竞争状况。同时，评估企业在研发、生产、供应和销售等关键环节的能力，客观分析内外部环境所带来的优势、劣势、机会与风险。

第二，经营计划执行报告。经过审批的经营计划被详细分解并下达至各中心、部门、班组及个人，以确保经营计划在每个职能单元中得到有效实施。该报告基于月度经营计划，结合季度及半年度的滚动预测，详细汇报了实际经营状况与计划执行的差异，为管理层在配置资源和制定决策时提供准确的数据支持。

---

①李厚辰.基于业财融合的BDT公司管理会计报告优化研究[D].株洲：湖南工业大学，2020.

第三，经营计划调整报告。一旦企业的经营状况因外部市场波动或宏观经济的不确定性而与预期出现显著差异，尤其是当实际情况远离既定的经营目标时，管理层需考虑对经营计划进行调整。此类调整旨在使经营目标更贴近当前的经济环境和市场条件。在调整过程中，管理层需要详细分析这些变更对企业的潜在影响，并据此作出信息化的决策。

第四，经营监控与分析报告。为加强对企业日常运营的监控，确保经营目标的实现，此报告将经营活动划分为日、周、月、季度和年度等不同的监控周期。通过对财务状况和管理指标的定期分析，此报告旨在识别并追踪任何异常现象出现的原因，据此提出实质性的改进措施，以进一步优化企业的运营效率和管理质量。

第五，经营绩效管理报告。依据已设定的经营计划，此报告利用绩效管理指标来评估营销中心、制造中心及各职能部门的经营绩效。该报告的目标是提供一个全面的绩效视图，帮助管理层深入理解各部门在达成公司总体战略目标方面的效率和效果，进而推动整个组织向预定目标的稳步迈进。

2. 增加提供财务信息的管理会计报告

（1）风险分析报告。风险分析报告旨在加强管理层的风险意识并在全体员工中普及这一理念。该报告系统地对企业内外部环境进行了风险评估，识别了潜在风险并制定了应对策略，以支持管理层的决策。报告详细分为四个主要部分：

第一，风险管理工作回顾报告。比如，报告可以概述公司过去几年面临的主要风险事件及其预防措施，旨在向管理层提供一个清晰的视角，了解公司在过去运营中遭遇的风险种类、防范能力及风险管理能力的演变。

第二，内外部风险因素分析报告。报告中对可能影响公司运营的内外部风险因素进行综合识别和分类。通过分析这些风险的预期后果和表现特征，为管理层提供了全面的风险画像，帮助他们更好地理解潜在威胁。

第三，主要风险因素识别与评估报告。在内外部风险因素的基础上，进一步开展分析，识别关键风险点。该报告侧重于评估这些风险对公司运营和未来发展的具体影响，并对风险程度进行定量评价，以供决策参考。

第四，风险管理工作计划报告。基于已识别和评估的风险点，该报告制定详细的风险应对措施和预案。按照风险的严重程度，该报告建议分级实施不同的风险控制策略，以最大限度地减少潜在影响。

（2）价值创造报告。价值创造报告深入分析了企业中各产品单元的盈利能力及其变动，通过比较制造周期内各产品单元的价值贡献变化，依据业财融合原则，细化为四种详尽的报告类型，以全面支持公司的价值管理和决策过程，具体如下：

第一，价值创造目标报告。在此报告中，企业基于管理层设定的战略目标，制定与公司发展需求相匹配的价值创造目标。这些目标旨在引导公司各部门和团队明确他们在价值创造过程中的具体职责和期望成果。

第二，价值驱动因素报告。此报告详细识别并划分影响价值创造的内部和外部驱动因素。通过构建模型，此报告帮助企业理解各因素如何单独及共同影响产品价值，使管理层能够采取有针对性的策略来优化这些因素的效应。

第三，各产品单元资源占用比与价值贡献报告。结合价值驱动因素，此报告通过价值创造模型，分析各产品单元在达成战略目标中的具体贡献。它详细展示了不同产品单元的资源占用与价值输出的关系，为管理层提供决策支持，以确定资源分配的最优策略。

第四，价值提升措施报告。基于前三个报告的综合分析，此报告利用可视化工具模拟不同生产和经营安排的潜在结果，从而使管理层能够对公司战略目标的实现途径做出精确调整，并制定有效的价值增长措施。

（3）社会责任报告。社会责任报告通过将社会责任的各项指标数值化并整合到管理会计报告中，体现了业财融合的理念，为管理层提供了即时的差异分析和深入的价值分析支持。以下是报告的两个主要组成部分：

第一，员工成长预算报告。作为企业可持续发展的关键资源，员工的成长和发展是企业关注的焦点。此报告详细列出了企业在员工教育、工作环境改善、健康与安全保护及员工福利等方面的投入预算，突出公司对员工全面成长提供支持的承诺。

第二，安全生产管理报告。对工业企业而言，生产安全至关重要。此报告及时更新相关安全生产信息，强调了在企业运营中对安全和环保工作的重视，确保管理层能够迅速响应并采取措施以防范潜在的工业事故。

（二）经营层管理会计报告的优化

1. 修正营运控制的管理会计报告

（1）全面预算管理报告。全面预算管理报告的作用是综合公司的年度战略规划，确保通过事前、事中、事后的全程控制来优化资源分配、预防风险，并支撑决策。在业财融合的框架下，全面预算管理报告对数据收集和处理的要求更为严格，其结构已从传统的预算管理扩展到包括预算编制、执行及考核的详细分析。

第一，预算编制报告。财务资产部门基于战略层的年度战略规划，负责制定全年的财务预算，包括详尽的营运预算、投融资预算及财务预算，旨在为公司的资金流、投资活动和日常运营提供预算框架和财务指导。

第二，预算执行报告。此报告监控预算的实际执行情况，包括预算控制和必要时的预算调整。报告通过实时监控预算执行差异，分析预算数与实际数之间的偏差，为业务部门提供执行反馈，并阐明偏差产生的原因，以指导后续预算的更精确制定和执行。

第三，预算考核报告。考核部分聚焦于对公司财务指标和其他定量指标的系统评估，这些评估结果是企业绩效评价的关键。绩效考核指标被制定为一套绩效考核模型，通过该模型进行跨部门、多层级的评价，确保每个责任主体都能清晰自身的责任与工作目标。从而有效推动战略目标的实现。

（2）投融资分析报告。投融资分析报告主要分为两种：投资分析报告与融资分析报告。这两种报告的编制旨在降低投融资过程中的风险，优化决策机制和融资结构。基于公司的现有经营策略和重要事务分析，这些报告可进一步分化为具体的投资和融资分析。

投资分析报告主要由财务资产部负责，其内容包括投资的实施情况和结果的评估建议。这类报告涵盖投资计划、投资可行性分析、投资管理及投资评估等多个方面，是根据公司的战略目标编制的，涉及中长期投资规划及其年度具体计划的制订。

融资分析报告则包括融资计划、融资决策分析及融资方案的实施与调整等内容。这些报告旨在提供对融资活动的深入研究和分析内容，确保融资结构与公司的财务健康及战略方向相匹配。

（3）成本管理报告。此报告涵盖制造中心和营销中心的产品及其经济活动相关的成本信息，细分为四个主要部分：

第一，成本预算与核算报告。这部分主要进行当期预算和实际成本之间的比较，识别和分析两者之间的差异。这样的对比有助于揭示成本管理中的潜在问题和机会。

第二，成本项目分析报告。该报告区分产品成本中的可控与不可控因素，对各类产品的不同成本项目进行深入分析。这一分析使管理者能够精确掌握企业制造中心、营销中心及职能部门的成本和项目进度，有效监控生产部门的价值创造及年度战略目标的实施情况。

第三，关键指标分析报告。它根据财务报告中的比率分析，结合相关的考核规则，设定关键性能指标。通过这些指标，管理者可以直观地观察到产品成本的变动及其背后的原因。

第四，成本管理评价与建议。通过对各产品成本的详细分析，识别出成本构成和比较情况，并针对成本超支的产品提出降低成本的策略。这一部分旨在提高制造部门的生产效率，合理配置资源，降低产品成本。

（4）业绩管理报告。为了提高绩效管理水平、调动员工积极性、增强价值创造能力及推动企业可持续发展，可对原有的经营层绩效类管理会计报告进行升级，改为更全面的业绩管理报告。这份报告分为三个核心部分：

第一，业绩计划报告。其中，公司基于当前的战略规划及业绩评估期间内发生的变化，为各个层级制订业绩计划。为了确保计划的实施与监控，可采用平衡计分卡来构建一个详尽的指标权重系统。

第二，业绩执行结果与差异分析报告。该报告利用平衡计分卡中设定的指标和权重，分析实际业绩与预期之间的差异，识别表现不符出现的原因。

第三，绩效考核建议报告。此报告由公司的综合管理部负责，基于各部门的执行情况，定期进行业绩评价，并根据业绩计划设定责任单元的考核项目。年度考核结果将用来评估各部门的业绩表现。

2. 增加经营管理要求的管理会计报告

可引入基于业财融合的盈利分析报告。这份报告集中于盈利目标的跟踪和利润构成的分析，并提出提高盈利能力的策略。

（1）盈利目标及实现报告。此部分根据公司的战略目标和关键盈利分析指标，比较当前盈利情况与预期目标，及时提供关于盈利进展的详尽评价。

（2）利润构成及变动趋势报告。此部分聚焦于产品利润的结构和变化，将当前数据与预算及过去数据进行对比，分析利润变动的趋势和原因。

（3）盈利能力提高措施报告。财务和业务团队利用上述分析结果，识别出影响盈利的关键因素，并针对公司的业务发展动态，制定提升盈利的策略。

（三）业务层管理会计报告的优化

1. 完善提供业务发生信息的管理会计报告

（1）研发业务报告。技术创新是实现企业战略目标的关键，因此公司应全力投入研发业务的管理，致力于科技项目的管理、资质及成果的管理、科技项目的申报、知识工程的建设及标准化的管理。通过对研发管理流程和制度的持续优化，确保日常工作的顺利进行和关键项目的稳定推进。研发业务报告包括两个主要部分：研发计划报告和研发资源占用报告。研发计划报告主要供研发中心的负责人及其下属部门使用，便于他们掌握新技术的开发进展和潜在的技术申报情况，如预申报的技术和专利情况等。这一部分是为了确保研发活动与公司的长远目标一致，同时促进新技术的开发和应用。研发资源占用报告强调了科技创新投资的重要性，这是加强公司自主创新和实现可持续发展的基础，报告通过分析研发投入对经营业绩的影响，显示了科技研发在推动公司业绩提升中的作用，突出了"创新"与"效益"两大主题的重要性。

（2）采购业务报告。采购业务报告关键在于控制成本和提升效率，分为三个部分：采购预算报告、采购执行结果与差异分析报告及采购业务改善建议报告。采购预算报告综合考虑了原材料、供应商选择、采购成本与存货、人工、运输及库存成本，以确定性价比最优的采购方案，目的是降低整体采购成本。采购执行结果与差异分析报告通过比较预算和实际的采购价格、数量和交货时间，分析存在的差异及其产生的原因。采购业务改善建议报告根据分析结果对比内部流程，向采购物流部的管理层提出改进建议，以优化采购流程和提升操作效率。

2. 补充提供业务完成信息的管理会计报告

（1）销售业务报告。销售业务报告分为三个部分：销售业务预算报告、销售业务执行结果与差异分析报告及销售业务改善建议报告。其中，销售业务预算报告主要服务于公司的营销中心、营销部和市场部，通过分析原材料价格、税费政策及供应商动态信息来预测各产品的订货情况和估算销量，以应对市场波动。销售业务执行结果与差异分析报告通过对比实际销量、销售单价及收入与计划数值，分析销售业务中出现的差异及其产生的原因。销售业务改善建议报告基于差异分析的发现，为上层管理制定营销策略提供建议，以提升销售业绩。

（2）人力资源报告。此报告包括人工结构报告和人工成本报告，主要是对人力资本管理的深度分析。其中，人工结构报告详细分析公司各部门内的员工组成情况，包括年龄、学历、民族和工龄等统计数据，使人力资源部和部门管理层能够直观了解员工构成，及时调整人力配置。人工成本报告结合人力资源和预算管理制度，将人工成本的预算与实际发生额进行对比，并进行人工成本的全面监控，旨在对人工成本实现有效的管理和控制。

（四）管理会计报告优化的保障措施

1. 改进管理会计信息传递和反馈流程

一方面，为了提升财务共享中心的功能，推动业财一体化是必需的。这包括将业务数据和信息高效、自动化且无误地转化为财务信息，确保管理会计报告的准确传递和反馈。这是实现业财融合的基础，也是其核心目标，旨在通过信息化建设，打造一个无缝连接的管理会计信息系统。

另一方面，引入区块链技术来革新管理会计报告的生成及传递流程，基于区块链技术的管理会计信息生成与传递如图5-5所示。区块链技术依赖于网络传播技术，要求参与者具备一定的计算和存储能力，并需要网络中有充分的认证节点。将所有企业业务和部门纳入区块链网络，能实现部门间的信息共享和通信，消除传统企业中部门间的隔阂。

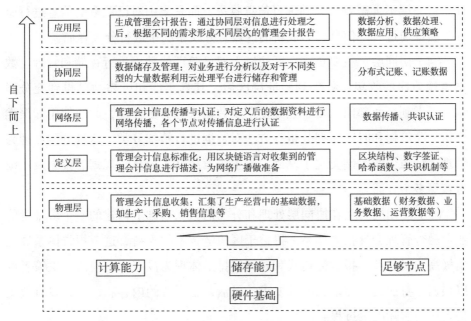

图5-5 基于区块链技术的管理会计信息生成与传递

（1）物理层。聚焦于管理会计报告所需信息的收集。在大数据时代背景下，企业面临的信息来源多样化、类型复杂化及容量庞大化的挑战。传统的管理会计报告多依赖企业内部的结构化数据，而对非结构化数据及外部信息的利用较少。区块链技术的应用改变了这一状况，其分布式记账的特点使企业能够有效利用内部的财务信息和业务信息，如生产成本、收入和采购等信息，同时能充分挖掘和利用非结构化或半结构化数据。这些数据被记录在区块链上，进行了分布式存储，能提高数据获取的便利性和扩展了广度。

（2）定义层。负责将物理层收集的各种管理会计信息进行定义。通过区块链技术语言的应用，定义层将原始数据转化为标准化信息，并录入区块链系统。这一过程使企业的各种信息得以通过区块链结构标准化表现，提高了部门之间的信息传递和交流效率。此外，数据的标准化处理加强了财务信息与业务信息的进一步融合，实现了信息的共享和按需索取。

（3）网络层。根据区块链的定义，网络层主要负责信息的传输和验证。在网络层中通过区块链的节点进行广播和验证，确保了信息的真实性和可靠性。这一层不再需要从基础进行信息收集，而是集中对已获取的信息进行验证。验证通过后，信息将形成新的区块，并在系统中进行分类存储。

（4）协同层。主要负责在区块链上对已验证的数据进行存储和管理。数据通过前序的收集、处理和验证层次后，其真实性和可靠性已得到充分确认。考虑到企业部门众多、业务复杂及数据来源的多样性，此层使用如聚类分析、决策树和时间序列分析等方法对数据进行精细分类。这种分类处理为管理会计报告的编制奠定了基础，涵盖经营战略、预算、规划、策划及业绩考核等多个方面。

（5）应用层。是在协同层处理和分类的数据基础上构建的一个多维度的业财融合管理会计报告体系。得益于区块链技术的支持，这一报告体系展现出极高的灵活性，报告的格式和时间安排上体现为没有固定模式。决策者可以根据自身的具体需求和时效要求，灵活调整报告的内容和格式，以有效支持企业的实际决策过程。

2. 健全管理会计报告管理制度

管理会计报告作为企业内部的重要工具，需定期或不定期地向各级管理层提供，以促进业财融合的持续发展。鉴于此，公司需根据其组织架构的特点，构建一个涵盖财务和业务人员的管理会计报告体系。此体系应覆盖报告的数据收集、编制、提交、审查、使用和反馈等各个环节，确保报告的应用既能提升管理效率，又能保障信息的安全。通过这一全面的制度，管理层能更有效地利用管理会计报告来推动公司的管理会计工作，创造更大的企业价值。

3. 实施管理会计报告业绩考评机制

管理会计报告的核心在于其能够反映会计职能的转型和内容的更新。因此，公司除要在日常运营中应用这些报告外，还需要建立一个系统的业绩考评机制。这一机制应通过各管理层级对管理会计报告的实际使用情况进行评估，以衡量其工作效率和质量。有效的业绩考评机制有助于管理者及时识别在报告编制、提交和应用过程中存在的问题，从而提高企业管理效率和财务服务质量。

第四节　数字化时代业财融合管理会计的转型

一、数字化时代业财融合管理会计转型的思路

（一）管理会计融入企业战略管理

在数字化时代背景下，管理会计的角色和功能正在发生显著的变化，特别是其在企业战略管理中的作用更为凸显。管理会计除需要处理日常的财务任务外，更应深度融入企业的战略规划和执行过程中，发挥其前瞻性的分析能力和专业的信息判断力。

第一，随着数据科技的发展，管理会计可以利用大数据分析、人工智能等现代技术工具，增强其对企业外部环境的洞察力，包括市场趋势、竞争对手分析，以及宏观经济、政策环境等方面的综合评估。通过这些技术手段，管理会计能够更准确地为企业战略制定提供数据支持和情报输入，帮助企业把握发展机遇，应对潜在威胁。

第二，管理会计需要在数字化转型中积极主导和参与企业的战略决策。这意味着财务部门和财务人员需要从传统的只担负记录和报告职能的普通团队，转变为参与企业长远规划和战略执行的核心团队。通过参与企业战略的

全过程，管理会计能够实现从数据处理者到战略顾问的角色转变。

第三，管理会计应加强对企业内部资源配置的监控和提出优化建议，确保企业资源在实现长期战略目标中得到高效利用。这包括利用 IT 和数据分析工具进行成本控制、效率提升及投资回报分析等，以增强企业的核心竞争力。

（二）管理会计融入企业预算管理

在数字化浪潮席卷全球的今天，预算管理作为企业管理的一大环节，其重要性被赋予了新的内涵。传统预算管理，如冯巧根所认为的，预算管理使其发生了从被动应对到主动掌控的转变。① 管理会计作为这一转型的关键推手，其职能与预算管理深度融合，成为企业稳健前行的重要力量。

在数字化时代，管理会计融入预算管理，不再单纯是数字的游戏，而是智慧与数据的交响。它利用大数据分析、云计算等前沿技术，对海量内外部信息进行即时洞察与精准解读，为预算管理插上了智能的翅膀。预算管理不再局限于静态规划与事后调整，而是转变为动态预测、实时控制与灵活应变，确保企业在瞬息万变的市场环境中保持高度敏捷与具有竞争力。在此背景下，预算管理成为挖掘企业潜能、促进价值创造的加速器。管理会计通过深度挖掘数据价值，为预算管理提供科学依据，助力企业精准定位市场、优化资源配置、提升运营效率。同时，预算管理指标随外部环境变化而灵活调整，确保企业战略目标的动态适应与持续优化，为企业在数字化浪潮中乘风破浪提供坚实支撑。

（三）管理会计融入企业绩效管理

在数字化时代，管理会计与绩效管理的融合展现出前所未有的活力与深度，管理会计不再局限于财务领域的深耕，而是作为战略伙伴，渗透到企业绩效管理的每一个角落。其转型核心在于赋能而非代替，通过智能分析为绩效考核制度的制定提供科学依据。

---

① 冯巧根. 权变性管理会计：创新驱动的战略选择 [J]. 会计之友，2016（12）：122-128.

　　在数字化赋能下，管理会计能够灵活调整绩效考核指标，以数据为桥梁，精准调控集权与分权的平衡。面对加快资金周转等战略需求，管理会计可即时将应收账款回收速度等关键指标纳入考核体系，实现对企业子公司的精细化管理与控制。借助数字化工具，管理会计能更深入地洞察业务，为绩效考核制度的优化提供全面、实时的数据支持，促进企业内部各单位的协同与战略对齐。

　　平衡计分卡在数字化时代的绩效管理中更显其独特价值。通过整合内外部数据，将长期战略目标细化为多维度、可衡量的指标，管理会计能引领企业各部门及子、分公司跨越时间滞后，以全局视角审视绩效，确保每一分努力都精准对接企业战略愿景。在数字化时代中，管理会计与绩效管理的深度融合，正成为企业驾驭变革、持续成长的关键驱动力。

（四）管理会计融入企业重大投资决策

　　在数字化时代，管理会计在企业重大投资决策中发挥着重要作用。这种角色的重要性体现在从广泛的数据集中提取、分析关键信息，并利用这些信息支持企业的长期战略和经济绩效目标的实现。

　　第一，重大投资决策是企业战略实施的核心环节，直接关系到企业的未来发展和收益。在这个过程中，管理会计的任务是运用其专业技能，比如对市场趋势的分析和货币时间价值的计算，来评估投资的可行性。在数字化时代，这种分析不仅依赖于传统的财务指标，还涉及大数据分析、预测模型和实时数据监控等现代技术手段。

　　第二，管理会计通过高级数据分析技术，如人工智能和机器学习，能更精确地预测市场动向和投资回报。这些技术使得管理会计能够处理和解析大量复杂数据，从中洞察潜在的投资机会和风险，进而为企业提供更加科学和精确的投资决策支持。

　　第三，管理会计需要掌握如何通过历史数据分析和经济趋势预测，为企业的投资决策提供定量的支持。在数字化背景下，这种能力尤为重要，因为数据的广泛可用性和分析工具的先进性使管理会计具备了前所未有的能力来预测未来趋势和评估投资项目的潜在价值。

第四，只有当预测的投资回报现值超过投资成本时，投资决策才具有实施的价值。因此，管理会计在进行投资决策时，除需要评估财务收益外，还应考虑投资对企业战略目标的贡献，确保投资决策与企业的长期目标、市场定位相符。

二、数字化时代业财融合管理会计转型的原则

在数字化时代，业财融合管理会计转型应遵循以下四个原则，如图 5-6 所示。

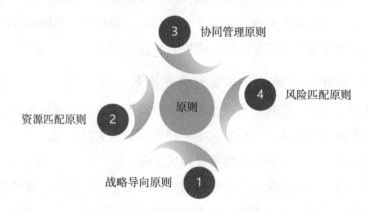

图 5-6　数字化时代业财融合管理会计转型的原则

（一）战略导向原则

管理会计的所有工作和决策必须以企业的整体战略为指导，确保每一项财务活动都与企业的长期目标和愿景紧密相连。管理会计的职能需要从传统的记录和报告转变为积极参与企业战略规划和实施。在这一过程中，管理会计要利用先进的数字工具来提高数据处理和分析的效率，通过深入分析数据背后的业务逻辑，为企业提供关于市场趋势、操作效率和资本配置的深刻意见。

（二）资源匹配原则

企业在推动管理会计转型过程中，必须确保其财务资源的分配与业务需

求紧密相连。这要求企业要精确理解业务部门的实际需求，并确保这些需求与其长期战略目标保持一致。通过对业务需求的深入分析，企业可以更合理地调配财务资源，优先支持那些对企业增长最为关键的业务领域。数字化工具在这一过程中发挥了不可替代的作用，通过引入高效的数字化资源管理系统，企业可以实现资源配置的自动化和智能化，大幅提高资源使用的效率。例如，使用先进的 ERP 系统和云计算技术，可以帮助企业实时跟踪资源流动，精确分析资源使用情况，并快速调整资源配置以适应市场变化。通过将财务数据与业务操作数据进行整合，管理会计可以更有效地进行数据分析，提供更为精准的财务洞察信息，帮助管理层作出更明智的决策。

（三）协同管理原则

这一原则强调财务与业务部门的深度协作与融合，打破传统界限，实现决策的共同制定。这种跨部门的合作模式能够确保财务部门准确理解业务的具体需求，同时帮助业务部门深刻认识到财务资源配置的重要性。

在实际操作中，构建有效的跨部门沟通机制是实现协同管理的关键，包括定期的战略会议、联合工作组和共享的数字化平台，使得相关部门能够在企业战略规划、预算制定、成本控制和绩效评估等关键决策环节中实时交换信息，共同解决问题。通过利用先进的 ERP 系统、云计算和大数据分析工具，企业能够实现数据的即时集成和分析，更精准地对接财务与业务的决策需求，增强了决策的数据驱动性。

（四）风险匹配原则

企业在推动转型过程中，应对潜在风险进行全面评估，并确保所承担的风险与预期收益、企业战略及资源能力相匹配。具体而言，企业应利用数字化工具，如大数据分析、人工智能等，对内外部环境进行实时监测，识别并量化各类风险，如市场风险、信用风险、操作风险等。根据风险评估结果，制定有针对性的风险防控措施，确保在追求业务增长和财务优化的同时，有效管理并控制风险，保障企业稳健运营和促进企业可持续发展。

三、数字化时代业财融合管理会计转型的途径

（一）管理会计融入企业战略管理的途径

管理会计的核心任务是利用其专业知识高效收集、整理和分析来自企业内外部的信息，这一过程现已得到 AI 技术的强力支持。通过 AI 工具，管理会计能够自动化处理大量数据，可以加快信息处理的速度、提高精度，还能通过深度学习算法揭示数据中隐藏的模式和趋势，这对于制定面向未来的战略尤为关键。

在 AI 工具的辅助下，管理会计不再局限于传统的数据录入和简单分析，而是能够进行复杂的预测和模拟，为企业提供更为科学的决策支持。这些决策支持工具遵循目标可行原则、资源匹配原则、责任落实原则及协同管理原则，确保所提供的策略建议科学且实用，有助于管理层作出符合企业长远发展方向的战略规划。此外，AI 工具的应用使管理会计能够更好地理解和预测市场变化，从而帮助企业适应快速变化的外部环境，保持竞争优势。

（二）管理会计融入企业预算管理的途径

在数字化时代背景下，将管理会计融入企业预算管理能显著增强预算的控制力和协调能力。管理会计通过采用战略导向原则、融合性原则和权变性原则，有效引导各部门按照企业战略方向前行，同时根据实际业绩和外部环境的变化灵活调整预算指标。这种做法确保了预算制定和执行的灵活性与实效性，使企业能够优化人力、物力和资金的使用，推动资源配置达到最优状态。数字化工具和技术，如高级数据分析和实时监控系统，进一步加强了管理会计在预算管理中的作用，确保企业可以快速响应市场变化，持续稳定发展。

（三）管理会计融入企业绩效管理的途径

管理会计不仅能协助企业实现各部门间的协调与控制，还能确保这些控制措施既集中又分散，以适应组织结构和市场环境的变化。通过整合绩效管理系统，管理会计可以帮助确保所有部门在追求自身的盈利目标的同时，共同努力实现企业的战略总目标。在这种整合过程中，管理会计的作用扩展到

了促进企业内部业务与财务的深度融合上。

利用数字化工具和技术，如数据分析和自动化系统，管理会计能够更有效地监控和评估绩效指标，确保绩效管理的客观性和公正性。这些技术使得绩效评估过程更加透明、规范和科学，还支持管理会计提供精准的财务和业务建议。这样的建议基于详细的数据分析，能够精确地指出企业在达成战略目标的过程中存在的短板和优势，进而帮助管理层作出更合理的决策，最终实现绩效管理的目标，即通过考核与控制提升整个企业的运行效率和市场竞争力。

（四）管理会计融入企业重大决策的途径

管理会计可以利用其专业的财务知识和对未来趋势的洞察力，为企业在进行关键投资时提供有力的决策支持。首先，管理会计通过深度分析市场和经济数据，结合先进的数据分析技术，能够预测未来形势和趋势，确保投资决策与企业的长期战略一致。其次，利用数字化工具和实时数据，管理会计能够提供精确的财务分析，帮助企业在评估投资机会时量化风险与收益，从而降低投资的不确定性和控制潜在风险。最后，管理会计按照战略导向、价值创造和风险匹配的原则，向企业提出建议，确保每项投资决策都能够为企业带来最大的价值增长并符合其风险承受能力。

管理会计的转型旨在培养能够展望未来并有效执行管理职能的财务人员。这不仅包括掌握传统财务会计的技能，还涉及运用这些技能进行数据分析、计划制订以及与企业的战略管理、预算管理、绩效管理和重大投资决策紧密结合。转型过程首先需要企业管理层和会计人员更新他们的思维方式，采纳现代财务管理理念并理解转型的重要性。管理会计人员应深入各业务部门，直接了解业务运作的具体情况。在这一步骤中，与管理层、业务团队及其他相关人员的有效沟通至关重要，因为这将促进转型过程的顺利进行。此外，管理会计需要掌握和应用现代信息技术，以确保能够从大量数据中提取对企业最具战略价值的信息。

第六章　企业业财融合数字化发展中的内控管理

第一节　业财融合对企业内控管理的影响与要求

一、业财融合对企业内控管理的影响因素

业财融合对企业内控管理的影响因素主要包括五点，如图 6-1 所示。

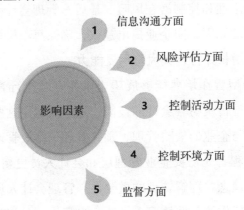

图 6-1　业财融合对企业内控管理的影响因素

（一）信息沟通方面

在业财融合中，信息的收集、处理和传递非常重要，这些活动的有效性直接影响财务和业务决策的准确性及时效性。为了确保信息能够有效支持企

业决策，应当建立顺畅的沟通渠道。如果业务与财务部门之间的信息传递存在延迟或误差，会降低管理效率，还可能导致基于这些信息的决策出现偏差，进而影响企业的操作效果和市场反应速度。例如，及时更新的销售数据对于财务部门进行收入预测和资金流管理至关重要；同样，财务部门生成的成本分析报告可以帮助业务部门调整其策略以优化成本效益。

（二）风险评估方面

业财融合在风险管理方面要求通过对风险要素的深入分析来有效识别潜在的风险，并制定相应的规避策略，包括风险的评估、分担与规避等。统一的评估标准对于保证数据融合的准确性至关重要。如果业务数据和财务数据的标准不一致，将直接影响双方数据的整合，增加财务部门的工作负担，降低业务部门的工作效率，并可能引发部门间工作人员的抵触情绪。

（三）控制活动方面

控制活动是业财融合中的一个核心环节，主要涉及企业对业务流程、财务系统、绩效考核和全面预算的监督管理，以实现对企业风险的系统控制。企业的组织结构、企业制度及治理结构都是影响内部控制活动的重要因素。任何在这些方面的不足都可能削弱控制活动的有效性，使得整个控制机制名存实亡。

（四）控制环境方面

在营造内部控制环境时，企业需精心布局，从结构重塑、人力资源优化至职责明晰，每一环节都应力求精准高效。职责的精细划分，是权力与责任的明确界定，更是企业内部秩序井然、资源高效调配的基石。通过职能的巧妙布局，部门间形成自然监督网，相互制衡，共同维护内控体系的稳固。此外，绘制内部控制的蓝图与制定相关准则，为风险评估与信息流通铺设了坚实的道路，确保企业的航向明确。

（五）监督方面

在业财深度融合的新常态下，企业内部监督的触角需更加敏锐，既要捕捉经营脉动,又要洞悉内控隐忧。随着信息化浪潮的推进,信息的无纸化流转虽便捷了工作,却也带来了安全挑战。因此,监督的焦点需转向信息安全,确保每一份数据都能免受侵扰,保障企业信息的安全与完整。

二、业财融合对企业内控管理的要求

(一)信息沟通方面

为了提升企业的战略执行能力和决策质量,首要步骤是优化财务部门的信息处理和总结流程,包括对公司的设备、产品及项目收益等关键数据的详尽汇总,确保信息涵盖经营范围、业务开展、人员绩效及项目盈利等各关键环节。企业需疏通并强化内部控制下的信息通道,消除部门间的信息隔阂,确保信息能够自由流通。财务部门应整合企业内外部活动所产生的数据,确保信息在各层级间的有效传递和反馈。在提供战略财务服务时,关键在于筛选和分类信息,剔除那些冗余和无价值的数据,为决策层提供精准的信息支持。

(二)风险评估方面

风险管理是企业管理的关键部分,尤其是在进行重大投资决策时。企业应定期进行过往经营活动的汇总与风险等级评估,特别关注融资活动和资源配置的风险。通过分析历史事件,企业可以识别出低风险高回报的项目,为未来的项目选择和风险规避提供依据。财务部门需定期审查财务报表,了解各项目的成功要素及风险点,通过对项目的实施环境、政策和资金投入等进行深入分析,吸取投资经验和总结教训,有效降低未来项目实施的风险。财务部门与企业高层的紧密对接也至关重要。财务部需将业务和财务数据的汇总信息传达给高层,帮助他们根据项目的可行性、投资收益及风险进行综合评估,据此调整企业的战略方向。只有当业务和财务部门的目标一致时,才能确保在实现业务成就的同时,达成财务管理的目标,实现对业务预算和成本的有效控制。

（三）控制活动方面

在控制活动方面，业财融合驱动企业实施全流程控制策略。财务前瞻性地主导事前控制，精准预估成本要素，奠定项目经济可行性基础。业务财务部门则应紧盯过程，利用实时数据分析和支撑策略动态调整，确保经营稳健。战略财务需与高层对接，数据赋能决策，引领企业发展方向。事务、业务、战略财务三维协同，目标统一，通过深度融合优化资源配置，促进企业生产、经营、管理活动效率与效益双提升，实现更加集约高效的运营模式。

（四）控制环境方面

控制环境是内部控制体系建立和执行的基础，一个优化的内外部环境能显著提高内部控制的有效性。企业应采用 SWOT 分析方法加强内部控制，并进行风险评估，精确制定和完善内部控制的制度与目标。

（五）监督方面

在业财融合的管理模式下，内部监督机制可以显著减少潜在的舞弊行为。内部监督应重点关注管理层是否恪守其管理职责，并且强化对监管部门的监控。将业财融合模式纳入内部控制管理体系，对其进行持续的评估与分析，以增强内部控制的整体效果。监督机构必须保持独立性，应与具体职能部门保持距离，确保监督的客观性与公正性。通过详尽的管理内容细化和深入评估业务及管理流程，明确内部控制的关键点。作为一种新的控制思想，业财融合管理模式应在具体案例中得到应用，并进行客观分析，以发挥其最大的效益。

第二节　数字化赋能企业内控管理

一、数字化带来的企业内部控制变革

随着云计算、物联网等先进数字技术的广泛应用，企业的数字化转型正在加速进行。这一进程正在深刻影响企业的内部控制体系，导致其内部控制模式和活动焦点发生显著变革。这种变革主要体现在三个方面：

（1）内部控制的方法正在迅速向自动化和智能化转变，显著提升了控制的技术水平。

（2）随着数字化技术的深入集成，内部控制的效率和有效性有了显著提高。

（3）为了适应数字化转型的需求，企业内部控制制度正经历重大的改革，以适应新技术和系统的需求，确保企业运营的顺畅与安全。

在财务管理领域，若职责分离控制制度存在缺陷或需执行的措施未能落实，对财务人员可能缺乏有效监管，进而导致资金挪用或侵占等事件频发。但是，随着大数据和区块链等数字技术的应用普及，基于数字系统的内部控制架构严格限定了系统权限，并通过自动化流程改革实现了职责分离，显著降低了因人为操作错误或舞弊行为引发的财务风险。

在数字化转型的大背景下，企业内部控制制度的运行效率得到显著提升。传统上，虽然企业设立内部控制制度旨在提高运营效率，但在多数情况下，由于信息系统的辅助作用有限，审批、检查、复核等活动仍依赖于人工执行，这反而在业务流程中造成了时间上的消耗，未能达到预期效果。数字化内部控制系统还承担着风险监控的职责，一方面监控业务流程和经营管理领域的风险，另一方面对信息系统和数据中台的风险进行监控。例如，在数字化转型过程中，企业可能为了实现各信息系统间的数据流通而建立数据中台，这要求企业建立相应的内部控制制度，对数据中台进行严格管控，确保其规范运行并对潜在风险进行有效的防范。这种综合性的控制策略提高了企业的运营透明度，提升了风险管理的前瞻性和有效性，为企业在面对日益复杂的商业环境时提供了强有力的支持。

二、基于数字科技的企业内控系统

在数字经济的背景下，新兴数字技术正广泛渗透至企业的生产、经营和管理各个环节，成为推动企业管理变革的关键因素。企业内部控制管理作为确保企业经营活动的合法性、有序性、资产安全以及财务报告信息的完整性的关键手段，是管理改革中不可忽视的一环。因此，在数字化转型的大环境下，利用数字科技来推动企业内部控制系统的数字化变革尤为重要。

当前，为了有效推进内部控制系统的数字化建设，企业需要面对并解决几个关键问题：一是如何借助内部控制强化来革新管理流程；二是如何适应数字科技的持续发展，以及如何增强内部控制的效能。

数字科技通过提升运营效率和业务成果来优化和升级企业内控系统。

数字化转型是一项涉及企业多个方面的复杂系统工程，具有全面性和系统性的特征。企业内部控制系统的数字化改造同样体现了这些特点。内部控制是强化企业管理的有效途径，也是实施风险管理的关键手段，一个健全的内部控制体系可以帮助企业及时识别、评估和应对运营中可能出现的各种风险，确保这些风险得到具体环节上的有效管理和控制，进一步维护企业的整体安全和稳定。

在数字化转型过程中，企业可通过大数据技术实现内部控制的智能化风险评估。这一做法能够精确地识别出存在高风险的业务领域与环节，帮助企业更有效地设定监管目标并强化内部控制及监督管理。例如，企业可以采用风险矩阵工具来绘制风险坐标图，通过分析内部控制的历史设计和运行数据，构建内部控制风险库，为企业内控评估提供数据支持。

随着企业数字化转型的深入，内部控制体系经历了显著的变革，数字化转型引入了电子签章、人脸识别、指纹识别及信息系统权限设置等智能化技术。这些技术的运用极大地促进了职位分离制度和授权审批制度的完善，创建了新型的岗位制约机制，加强了对业务流程的控制，并在提高内部控制效率与优化控制效果方面发挥了重要作用。但是，尽管一些企业的内部控制在设计上较为完善，但在实际执行中却存在落实不足的问题，导致风险识别和干预效果不佳。利用数字化工具和技术设计的内部控制系统具有标准化和防人为操纵的特性，可以有效地实施并发挥风险控制的作用。这种基于数字技术的标准化内控系统促进了企业内控效率的提升，实现了成本的有效控制，简化了操作流程，使得企业各部门能够通过简单的操作手册进行信息技术内控操作。

标准化内控系统因其操作简便且易于实施的特点，能指导员工遵循内控程序，可以显著提升员工在处理业务和控制风险方面的效率。对规模庞大、拥有众多分支的大型集团公司来说，实施内部控制面临较大挑战。数字技术支持的标准化内控系统正好符合这类企业对高效内部控制的需求，能有效减轻企业在内部控制上的成本负担。

随着企业的发展，业务模式需不断调整以适应新的市场需求，这就要求企业的内部控制体系具备足够的灵活性和适应性。传统的内部控制模式往往难以支持实时更新，限制了企业应对快速变化的能力，因此，企业应依托数字技术增强内部控制体系的动态更新能力，确保内部控制系统能够与业务模式的演进同步调整，持续支持企业的成长和变革需求。

三、企业内控流程的重塑与再造

内部控制根据其聚焦领域可分为财务控制和管理控制两大类。财务控制主要关注财务报表的准确性、财务组织的效率及相关财务流程的安全性。借助数字化技术，企业已经能够构建财务数字化系统，这重新定义了财务运营的流程，显著提升了财务数据的准确性和处理效率，降低了数据丢失和质量不一的风险。通过数据挖掘技术，财务数字化系统能够从大量财务数据中提取有价值的洞察信息，支持企业的管理决策和运营优化。对管理控制而言，它覆盖企业的生产、经营、技术和管理等多个方面。

在数字化转型的趋势下，企业应运用现代数字技术对这些领域的内部控制体系进行升级，以提升整体的控制质量和效率，具体措施可参照表6-1。

表6-1 基于数字技术的内部控制制度

环节	主要功能
采购与付款环节	利用现代数字技术，内部控制系统可以提升供应链管理的效率。通过集成大数据和人工智能技术，系统能够对上游供应商的信息进行深入分析和整合，进而智能化地改造供应链管理流程。这种改革提升了资源使用效率和生产效率，有助于企业经济效益最大化
销售与收款环节	数字化的内部控制系统能通过预设程序自动进行客户资质审核并生成订单，然后将这些订单直接分派到仓库、物流及财务系统。这一自动化的"销售—收款"流程能够减少人为干预，提高内部控制的效率和精确度
内部控制措施环节	随着基于数字技术的内部控制系统的发展和完善，与传统控制措施相比，它们在多个方面都有了显著变化。这些变化主要体现在风险控制、职务不相容的分离、授权审批、会计系统监控、资产保护、预算管理、运营分析及绩效评估等关键控制领域

在数字化转型的背景下，相比传统的内部控制体系，数字化内部控制体系更加依赖信息技术，且特别强调信息系统的安全性。随着企业业务对数字系统的依赖增强，确保信息系统的安全和完整性变得尤为重要。为此，企业必须加强信息系统的开发和维护，实施严格的访问控制措施，明确规范数据的输入与输出过程，确保数据存储的安全性。此外，需加强网络安全控制，保证信息系统在授权、运营和数据存储等方面遵循相关法规和标准，确保整个企业内部控制系统的数字化转型顺利进行。

第三节 企业数字化内控体系的构建策略

一、加强信息化建设

信息化建设是实现业财融合的技术基础，加强信息化建设意味着企业需要部署先进的信息技术系统，如企业资源计划（ERP）系统、客户关系管理（CRM）系统和供应链管理（SCM）系统等。这些系统能够实现数据的集中管理和实时更新，为企业提供一个统一的数据视图。例如，ERP 系统能整合财务信息与业务操作数据，通过自动化的流程减少手工输入的错误，提高数据的准确性，加快处理速度。

信息化建设包括利用大数据、人工智能等现代数字技术来优化财务和业务分析。大数据分析可以帮助企业从海量的交易数据中识别出消费模式、成本动态和市场趋势，而人工智能技术如机器学习可以用于预测财务结果和优化预算分配。这些技术的应用能够加快财务报告的生成速度，提高报告的预测准确性，使企业能够快速响应市场变化。

此外，加强信息化建设需要考虑信息安全管理。随着企业数据量的爆炸式增长和业务流程的数字化，信息安全成了企业不可忽视的问题。企业必须制定严格的数据安全政策和建立相关机制，包括数据加密、访问控制、网络安全防护等措施，以防止数据泄露和被滥用，确保企业信息的安全。

二、在数字技术的支持下推进多部门协作

（一）技术平台的构建与整合

构建一个统一的技术平台是推动多部门协作的基础。这个平台应包括但不限于集成的 ERP 系统、CRM 系统、SCM 系统等，以共同实现数据的一体化管理和即时共享。例如，ERP 系统能够集中处理和存储来自财务、人力资源、生产、销售等多个部门的数据，确保数据的一致性和实时性。通过这些系统的整合使用，不同部门可以在同一平台上实时访问和更新信息，加快决策过程，减少冗余工作，提升整体操作效率。

这种技术平台应具备高度的可扩展性和灵活性，以适应企业不断变化的业务需求和市场环境。如随着企业业务的拓展，新的部门或功能可能需要被加入到整体的企业资源计划中。在这种情况下，平台的可扩展性能够确保新的需求和数据流的无缝集成，无须进行大规模的系统重构。

（二）数据驱动的决策制定

数字技术的应用促进了基于数据驱动的决策制定过程。在多部门协作的环境中，每个部门产生的数据都可以被实时捕捉和分析，以形成深入的业务洞察信息。这些洞察信息支持管理层作出更加精准和迅速的决策。例如，通过数据挖掘和分析工具，财务部门可以预测市场趋势，生产部门可以优化库存管理，销售部门可以调整营销策略以匹配消费者的行为。这种数据驱动的决策制定提升了决策的质量，增强了部门间的协作。当各部门基于共享的、一致的数据集作出决策时，可以确保整个组织的目标一致性和战略协同。

（三）安全和合规性的保障

在推进多部门协作中，应当注意确保安全性和合规性。随着数据交换的增加，企业面临更大的数据安全和隐私保护挑战。

在安全性方面，数字技术需要配备先进的安全功能（如数据加密、访问控制和审计追踪）来保护信息不被未授权的用户访问或泄露。例如，通过设置多级权限系统，确保只有授权人员才能访问敏感数据，而审计追踪功能可以记录所有数据操作的详细日志，便于追溯和监控。

在合规性方面，适应性和灵活性是数字平台的关键特性。随着全球化及技术的发展，监管环境也在不断演变，企业面临着更为复杂和严格的法规要求。对此，企业的数字化平台必须设计得足够灵活，以便迅速适应法规变化，确保企业活动始终符合最新的标准。例如，当新的财务报告标准或税务法规生效时，企业的数字平台应能够通过软件更新或配置调整迅速响应这些变化，以避免潜在的合规风险和承担不利的法律后果，包括自动化的系统更新通知、一键式配置更改和模块化的设计，允许快速部署新的合规要求，以及通过强化数据处理和安全措施来保护敏感信息。

三、建立一体化管理制度，打破部门间的数据壁垒

（一）整合信息系统和数据资源

实现一体化管理制度的前提是整合企业内部的信息系统和数据资源。传

统上，企业中各个部门（如财务、销售、生产和人力资源等）往往各自使用独立的信息系统，导致在进行数据共享和交流时存在障碍，这影响了决策的速度和质量，还可能增加重复性工作和错误。实施集成的企业资源计划（ERP）系统或采用云平台服务，可以将所有部门的数据集中存储和管理，确保数据更新和访问的一致性。当销售部门更新销售订单时，生产和仓储部门能够实时接收到信息，及时调整生产计划和库存管理，财务部门也可以同步进行收入和成本的核算。

此外，企业应采用先进的数据管理工具和技术（如数据仓库和数据湖）来支持大数据的存储、处理和分析，优化数据的整合和提高访问效率，提供强大的数据分析功能，支持更复杂的数据查询和报告需求，进而为决策提供数据支持。

（二）促进跨部门协作和通信

一体化管理制度需强化跨部门的协作和通信，通过建立跨部门协调小组或使用协作平台，如 Microsoft Teams 或 Slack，促进不同部门之间的信息流动和资源共享。这种协作机制加快了项目执行速度，增强了团队成员间的互动和问题解决能力。一个跨部门的项目团队可以通过共享文档、实时通信和视频会议等功能，快速响应市场变化，共同开发新产品或提升服务水平。

培训和文化建设是促进跨部门协作的重要方面。通过定期组织跨部门交流会和培训活动，增强员工对整个企业流程的理解和认同，可以有效地培养员工的团队协作精神和归属感。鼓励开放和包容的企业文化，让员工敢于表达意见和分享信息，也是打破部门间数据壁垒的有效途径。

（三）持续监控和优化流程

为保证一体化管理制度的有效执行和持续改进，企业需要建立系统的监控和评估机制。通过设立关键绩效指标（KPI）和定期审查流程，企业可以监控一体化管理制度的实施效果，识别存在的问题，并进行及时调整。例如，可以通过监控数据共享的频率、部门间协作的项目数量和完成度、决策的响应时间等指标，评估一体化管理制度的成效。

四、增强内控信息化系统的洞察能力

(一)部署先进的数据分析工具

提升内控系统的洞察能力始于部署先进的数据分析工具和技术。这些工具和技术包括但不限于数据挖掘、机器学习、预测分析和人工智能。例如，通过应用机器学习算法，内控系统可以从历史数据中学习和识别模式，预测未来可能出现的异常行为或潜在风险。这不应仅局限于财务数据，还应包括操作数据、市场数据和客户行为数据。

这些分析工具能够自动处理和分析大量数据，快速识别出需要关注的关键信息。具体来说，通过实时分析销售数据和市场趋势，内控系统可以预警产品需求下降的风险，从而允许企业及时调整生产计划和库存水平，避免过剩或库存积压。预测分析还可以帮助企业优化资源配置，例如通过预测财务表现和现金流状况，合理安排资金使用，降低财务成本。

(二)集成多源数据和提升数据质量

增强洞察能力需要集成来自企业内外的多源数据，并确保数据的质量和一致性。内控系统的有效性在很大程度上依赖于数据的全面性和准确性。因此，企业需要营造一个集成的数据环境，将内部各部门的数据与外部市场、供应商、客户等数据进行整合。

为了实现数据的高质量和可用性，企业应采取措施进行数据清洗和标准化，以消除重复数据、纠正错误，并保证数据的时效性和准确性。例如，通过设置自动化的数据验证程序，检查数据输入的完整性和准确性，大大减少人为错误。实时数据监控可以确保数据的及时更新，以反映最新的业务状况。

五、将数字技术融入业务流程

(一)自动化与效率提升

将数字技术融入业务流程可以实现过程自动化，显著提高操作效率和减少人为错误。通过采用机器人流程自动化（RPA）等技术，企业能够自动化执行众多常规且重复性高的任务，如数据录入、发票处理和财务报告的生成等。这些任务通常耗时长且容易出错，自动化处理能够显著加快完成速度，大幅提升数据处理的准确性。机器执行的低错误率意味着企业可以在减少审查和更正错误所需的时间和资源的同时，增强数据的可靠性。

自动化技术的应用极大地影响了员工的角色和满意度。通过自动化那些低价值、高重复的任务，员工被解放出来，从而参与到更具战略意义和创造性的工作中，如数据分析、市场研究和客户关系管理等。这种转变在很大程度上优化了人力资源配置，提升了员工的工作满意度和职业发展水平，加强了企业的创新和对市场变化的快速响应能力。员工能够投入到更加有意义的工作中，有助于提高他们的职业成就感和对企业的忠诚度，进而促进企业文化的发展。

（二）增强数据分析与决策支持

数字技术的融入使得企业可以利用先进的数据分析工具来加强决策支持。大数据分析使企业能够利用从各种渠道收集的大量数据来揭示消费者行为和市场趋势。这些数据来源可以是社交媒体、网站访问记录、在线购物行为和客户反馈等。通过对这些数据的分析，企业可以更好地理解客户需求和偏好，据此调整产品开发和营销策略，以更好地满足市场需求。此外，大数据技术可以帮助企业监测和预测市场变化，使其能够迅速适应市场并抓住时机。

人工智能和机器学习的应用进一步加强了企业的预测能力。通过训练算法模型处理历史数据，企业可以构建预测模型，预估销售趋势、财务表现或潜在风险。例如，银行和金融机构利用信贷风险评估模型来预测贷款违约的可能性，而零售商通过需求预测模型来优化库存管理。

集成的分析平台允许不同部门实时访问和共享关键数据和分析结果。这种信息的透明度和可访问性增强了各部门之间的协作，有助于形成一致的业务视角和决策基础。实时更新的销售数据可以帮助财务部门更准确地进行收入预测和财务规划，同时使供应链上的部门能够根据实际销售情况调整生产和配送计划。

第四节　企业数字化内控下的全面预算管理

一、全面预算管理的内涵

全面预算是对企业未来一定时期内所有生产和经营活动的详细预测和描述。该预算主要围绕实现企业目标利润展开，以销售预测为基础，进一步预测生产、成本及现金流，据此编制预计利润表和预计资产负债表，以展示企业未来的财务状态和经营成果。全面预算包括业务预算、专门决策预算和财务预算，共同构成企业的预算体系。

全面预算管理是一种系统的管理方法，它将企业的经营战略和发展目标具体化，逐级分解并分派至企业的各个部门和责任单元。通过这种方式，将部门的工作目标与公司的总体战略和目标相结合，对各个职能部门在经营活动全过程中的表现进行控制，并通过绩效考核对实际成果进行评估和激励。

对全面预算内涵的深入理解，可以从下面几个方面着手：

（一）全面预算管理是企业内部关于权利、责任的具体制度，全面预算是企业的"法律"文书

全面预算作为企业的核心制度，类似一份细化和可量化的"法律"文件，明确规定了各相关方的权利和责任。它通过授权和分权的方式，在企业内部建立了从股东会到董事会、监事会、总经理团队、部门经理，乃至基层管理人员的全方位权责管理体系。通过实施全面预算管理，企业能够明确每个利益相关者的具体投入及其所得利益，并通过对预算过程的持续监控，实时反映各方对企业的实际影响。企业能根据预算实施的结果进行绩效评估，

检验各方的合约履行情况，并据此实施相应的奖惩措施。

（二）全面预算管理是一种系统管理

全面预算管理作为一种系统管理策略，其核心在于系统整体性的把握与应用。该管理模式摒弃孤立视角，转而采用综合性的新视角，剖析并阐述企业内部各要素间的内在联系及其与外界环境的辩证关系。其方法论的精髓在于通过追求整体最优化的途径，全面解决企业管理系统所面临的多维度挑战。

在企业管理架构中，全面预算管理占据核心地位，其触角广泛延伸至企业生产经营的每一角落，构建起一个多因素交织、动态演变且结构复杂的系统框架。此系统通过全面预算与责任预算的紧密协作，实现管理的全面覆盖与深度渗透。具体而言，预算管理巧妙地将人力资源、财务资源及物资资源等要素整合于责任预算与目标管理体系之中，促进了系统内部的和谐共生与高效协同。全面预算与责任预算自成体系，却又相辅相成，共同作用于企业预算目标的设定与实施过程，确保了预算管理的全面性与精准性。全面预算内部各子项预算之间亦呈现出高度的系统性与相互关联性，共同奠定了企业预算管理体系的坚实基础。

全面预算管理展现其系统性特质于全过程：事前，借预算编制系统剖析成员与资源、内外环境之协调与适应；事中，凭预算监控动态审视生产经营全程，灵活应对资源环境变动，确保预算目标不偏离；事后，预算考评深究成员行为成效、资源效益及环境影响因素，完善预算管理体系。

（三）全面预算管理是与企业发展战略相配合的战略支持保障体系

全面预算管理构成了企业发展战略的核心支持体系，基于对内外部环境的详尽分析而成，旨在实现企业的长远使命和战略目标。预算管理是财务操作的一部分，更是企业战略管理的一种体现。实质上，预算的目标与企业的战略目标同步，反映了企业的战略意图和未来方向，这是因为没有战略意识的预算就无法有效保持企业在市场中的竞争优势。

　　从战略的角度看，预算本身可被视为一种战略行为。具体的预算目标需要根据企业所处的行业和发展阶段来确定。例如，在新兴行业中，企业的战略焦点通常是迅速拓展市场和增加市场份额，相应的预算管理则应聚焦于增加销售收入，以销售预算为核心。在成熟行业中，企业更需关注利润的稳定实现，预算管理应以实现目标利润为核心。而在衰退行业中，战略重点可能转向调整投资方向或缩减规模以优化资源配置，预算管理的目标应侧重于投资报酬率的最大化，核心在于确保投资回报。

　　一个没有预算支持的战略是缺乏实施可能性的，而一个脱离战略指导的预算是盲目的，缺乏明确的发展方向。所以，高效的预算管理既需要与企业的整体战略紧密结合，又需要根据市场和行业的实际情况进行灵活调整。

（四）全面预算管理是一种人本管理

　　人本管理的核心理念在于确立人在管理活动中的核心地位，其核心策略在于激发员工的积极性、主动性与创造力。预算管理成功的关键在于深刻认识到人的价值，倡导全员参与，此为预算管理的基本原则之一。预算管理流程，自目标设定至分解、执行、监控，直至最终考评，均深刻体现了以人为本的精髓，即强调人的主导作用，致力于最大化地发挥员工的主观能动性，共同推动预算管理目标的实现。

　　在预算管理过程中，目标的设定与分解本质上涉及预算管理和执行人员之间目标的调和。人的生物属性和社会属性的复合性意味着，无论是管理者还是执行者，他们的利益目标无论多么客观或主观，都可能存在冲突。因此，通过有效的关系协调以对齐这些目标非常有必要。在不同的环境下，采取合适的领导方式可以有效地促进这种目标的协调。通常有两种领导方式：命令式和参与式。命令式领导风格的特点是高度集权，下属仅能被动接受指令；而参与式领导是适度的分权，让下属在授权范围内参与到管理中。无论选择哪种领导方式，重点都应放在促进思想交流和形成上下合力方面，以实现预算管理的目标。

　　在预算执行和责任预算的实施方面，预算执行组织承担着预算的具体实施工作，是责任预算的执行者，也承担着预算核算与绩效考核的责任。责任预算的明确是控制与评估的基础。构建预算执行组织并实现责任目标的过程中必须体现人本管理的理念。在划分责任中心时，应当平衡责任、权力与利益，并激发责任中心团队的合作精神；在责任预算的下达与编制过程中，应充分让基层人员参与，激发其积极性和创造性；在责任中心划分与责任预算编制的过程中，应以人为本，通过竞争性的经营活动，完善个体的意志与品格，提升智力与体力，同时使人员在超越基本生存需求之上，获得更全面的发展，以促进预算目标的实现，为组织带来持续的发展动力。

在预算考评环节，应巧妙运用激励机制，深度激发员工的积极性与主动性。鉴于人类行为的根本驱动力源自内在动机，而动机根植于多样化需求之中，因此，精准洞悉并转化员工需求为明确目标，成为激励机制设计的核心。预算考评通过正面反馈机制，对卓越表现者施以精神或物质嘉奖，以回应其多层次需求，彰显激励手段的多元性。

（五）全面预算管理是对企业经济活动的一种综合的价值管理

在全面预算管理体系中，除了像产量预算或销售量预算这类少数预算采用实物量指标，大多数预算主要依赖于价值指标。[①] 即使在使用实物量指标的情况下，这些指标通常也仅用作计算价值量的基础，并最终将其转换为价值指标。因此，预算管理本质上是一种全面的价值管理过程，它通过价值形式控制企业在未来一定时期内的各类经营和理财活动，并通过财务收支来展现，最终汇总成企业的目标利润和现金净流量。价值的特性如可量化、可累加和可比较，使其成为评估和控制标准的理想选择。

二、全面预算管理的特点

全面预算管理的特点主要包括以下四点，如图 6-2 所示。

---

① 王凤阁.全面预算管理 [M].北京：新华出版社，2007：7.

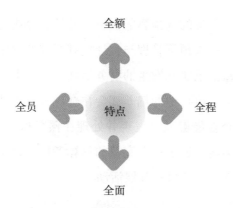

图 6-2　全面预算管理的特点

（一）全员

全员参与体现在预算管理过程中每个员工的积极参与和责任承担上，包括两个方面：第一，将预算目标细化至个人，确保每位员工都有具体的责任指标，培养他们的成本效益意识，按照"先算账后行动"的原则开展工作；第二，全员参与涉及企业资源在不同部门之间的协调与科学配置，通过让各部门参与预算的制定，将部门的操作计划与企业资源进行有效匹配，明确各项任务的优先级，实现资源的最优配置与充分利用。

（二）全额

全额预算概念强调预算的全面性和综合性，包含财务预算、业务预算、作业预算、资本预算以及现金流量预算等多个方面。这种全面性体现了现代企业管理的需求，既关注日常经营，又涉及投资和资本运作等长远活动。全额预算考虑了资金供应、成本控制，与此同时还需关注客户需求、生产能力、原材料供应及其他关键资源（如人力和能源）的配置。在各类业务预算的基础上，应制定现金流量预算，帮助企业合理预测和统筹资源，确保资源使用与企业活动的有效对接，达到有效的财务控制目的和确保企业目标的顺利实现。

（三）全程

全程预算管理强调的是预算活动的持续性和系统性，不只包括预算的设定、编制和发布，更关键的是预算的执行、监控、分析与调整以及最终的考核与评价，这一过程要求预算管理与会计核算系统的紧密结合。在实际操作中，会计核算会跟踪记录实际发生的财务活动，实际上，其是预算执行的一个反馈环节。任何预算执行中的偏差都会在会计核算中体现，通过一个高效的预算预警系统，企业能够及时发现并处理在预算执行过程中出现的问题，纠正对预算目标的偏离。通过一套完善的预算考核和评价机制，有效地驱动预算责任主体按照既定预算目标开展活动。

（四）全面

全面预算管理体系的精髓在于其全面性。这种全面性体现在预算管理覆盖企业的所有重要方面：从经营预算、成本费用预算到资本投资预算，再到现金流量预算和目标利润预算，形成一个综合性的预算体系。该体系包括财务方面的内容及非财务指标，如运营效率、市场占有率等，还涉及货币和非货币的各种资源。

三、全面预算管理的作用

（一）明确工作目标

通过强制管理层进行未来计划的设定，预算能够帮助管理者确定组织的总体方向，促使他们预见潜在问题并规划相应的策略。通过投入时间来制订这些计划，经营者能够更清楚地了解自己的执业水平，并确定如何有效地利用企业资源以实现这些目标。

（二）协调部门关系

通过预算，组织将计划以正式的方式传达给每位员工，使他们明确自己在实现这些目标中的角色定位。各部门和活动的预算需要相互配合才能有效，因此协调成为必需。这种机制使经理人员能够理解其他部门的需求，并将个人或部门的利益与组织的总体利益相协调。随着企业规模的扩大，预算在沟通和协调中的作用变得尤为重要。全面的预算管理涵盖经济资源的分配，也处理因资源分配引发的冲突。基于预算的协调和"谁干事谁编预算，谁编预算谁负责"的管理原则，预算管理成为一个具备系统控制功能的关键机制。

（三）控制日常活动

全面预算通过提供资源相关信息来改善决策过程。例如，当经营者明白预计的收入及其对应的物料、办公用品、水电费和工资等成本时，他们可以采取措施控制工资增长、避免不必要的借贷和限制非关键设备的购买。这样的决策改善有助于预防问题的出现，为企业和经营者营造一个更健康的财务环境。

（四）考核业绩标准

预算作为考核业绩的标准，对企业资源的使用和员工的表现进行监控和激励。通过定期比较实际结果与预算目标（如每月进行），预算帮助管理层监控公司运营的各个方面。当发现实际业绩与预期存在显著差异时，即时的反馈机制能够揭示潜在的管理问题，促使管理者寻找原因并采取相应的补救措施。例如，如果发现实际材料使用量超过了预算，经理可以审视是否存在浪费现象，并采取措施减少不必要的消耗。

四、全面预算管理数字化体系的构建

（一）建立科学的数字化预算管理体系

当前的预算管理体系常局限于财务报表框架内，在捕捉业务精髓与具体需求方面不够充分。为此，亟须借助新一代信息技术的力量，对预算管理体系实施革新，转而聚焦于业务层数据与要求，多维度地拓展与优化预算管理框架。深度融合业务经营的最小化目标与预算管理机制可以构建起一套科学化、高效化的数字化预算管理体系，此体系能够驱动业务、财务及管理流程的数字化转型，还能促进"业务—财务—管理"三者间的深度融合，智能优化预算编制、分析及考核流程，并实行动态监控，最终实现预算管理效能与效率的全面跃升。

（二）改进和完善数字化管控平台

企业可通过数字化技术构建和优化其数字管控平台，以满足数字化转型的需求。利用大数据和云计算技术，企业能够扩展其财务数据库的规模，收集与企业运营密切相关的数据，并进行综合整理和动态处理。这种做法能够深入挖掘数据的潜在价值，进行智能化分析。企业也可以借助物联网和大数据技术，连接公司内部不同业务部门之间的独立数据系统，解决数据孤岛问题。通过数据的整合和统一处理，最大程度地利用信息资源，减少信息资源的浪费。

（三）科学运用预算编制手段与数字化技术

为了充分利用数字化技术的创新潜力，企业需要通过这些技术来革新和提升预算管理的理念、模式、组织结构和流程。要加强对管理人员的数字化预算管理培训，确保他们能够熟练利用数字工具执行日常操作，实现技术与管理流程的有效整合。例如，企业可以应用人工智能技术来提取和整合图像、视频、音频和文本信息中的关键数据，并依据法律规定搜集国家的经济政策、财务政策和经济战略等相关信息，以来丰富预算管理数据库。通过构建数字化的数据模型分析平台，企业能够对这些信息进行综合分析，制定更合理、高效且精确的预算策略，并确保这些策略通过数字化手段得以实施，从而减少人为错误，提高预算的准确性和操作效率。

在数字化技术的辅助下，企业能够在充分了解自身发展实际的基础上，灵活应用各种预算编制技术，如固定预算、增量预算、零基预算和滚动预算等，确保预算管理的科学性和高效性。

五、预算编制自动化、智能化

为了推动全面预算管理的数字化转型，企业需要从根本上改变传统的人工预算编制方法，提升预算制定和管理的信息化程度。一是引入先进的信息化系统，将企业的业务、财务及管理体系进行整合，实现预算管理体系各要素的专业化分工，并对预算管理流程进行系统改造。二是构建一个涵盖企业内所有价值链环节的预算信息系统，为预算管理的数字化转型打下坚实基础。三是财务部门应积极采用先进技术，如机器人或自动化系统，以实现预算编制的自动化和智能化，这样的技术应用不仅可以减轻预算管理人员的事务性负担，还能使他们将更多时间和精力投入到更具价值的工作中。然而，仅仅引入高级技术是不够的，预算管理人员还需完成以下几项关键任务以确保技术的有效应用：

（一）梳理底层基础体系

底层基础体系主要包括规则体系和维度体系，关键在于精确地定义和调整预算模型的计算规则。规则涉及从业务计划到财务预算的转换，以及分析指标的具体计算方法，特别重要的是财务报表之间钩稽关系的确立。这有助于减少冗余工作，提高效率。维度体系从预算管理的视角出发，构建一套维度主数据体系，这实际上建立了业务与财务之间的转换逻辑，并支持多语言表达，使预算管理更加国际化和多元化。通过这种系统的梳理和优化，预算管理人员可以更灵活地调整和编制预算方案，实现对数据的层次性汇总、计算及分析，并据此提升预算编制的细致程度和动态响应能力。

（二）预算控制机制的智能化

通过引入智能化的费控和商旅平台，财务管理人员能够对预算费用的整个执行过程进行严格的控制，简化预算控制流程，提高控制效率，并建立自动化的预警系统，持续监控预算执行的状态和进展情况，确保预算执行的效果。这一转变使传统预算编制和控制过程中耗费的大量时间和精力得到显著减少。财务人员能够把更多的时间和精力投入到深入理解业务需求、设计多维度预算分析模型上。此外，通过数据中台的建立，财务部门能够与其他部门共享规则和维度信息，支持这些部门根据自身需求生成预算分析报告，并实时掌握预算执行情况。

（三）严格把控预算编制工作

在实际操作中，全面预算管理呈现动态和多样化的特性。因此，企业在执行全面预算管理时，应根据不同发展阶段的目标，将预算体系进行分解。具体而言，预算可以被分为五年规划、年度预算、季度预算和月度预算，以确保预算计划的适应性和精确性，具体如图 6-3 所示。

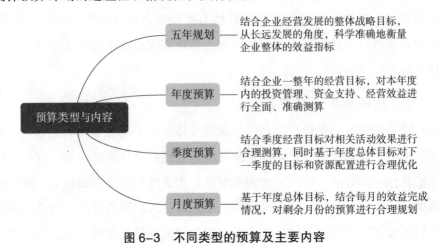

图 6-3　不同类型的预算及主要内容

另外，科学的预算指标体系及参数对企业预算编制的重要性不言而喻。为企业提供一套约束、责任与激励机制，能限制部门行为，调动员工的积极性，激发其主动创新精神，进而推动个人与企业共同发展。此外，合理的预算参数可以参考业界先锋的成功经验，明确企业的预算目标，助力企业的长期成长。

六、企业数字化内控下的全面预算管理策略

（一）合理分解预算指标，明确责任主体

合理分解预算指标意味着将企业的总体预算目标细化为可操作的子目标，这些子目标应当具体到各个部门乃至个人。这种分解需要基于企业的整体战略方向以及各部门的功能和责任范围。通过这样的细化，每个部门和个体不仅能够清晰了解自己的任务和期望，还能够对照预算目标进行自我监控和调整。

每一个预算指标背后都应该有一个明确的责任主体，无论是部门还是个人。责任主体的明确使得预算管理更具有针对性和执行力。例如，销售部门

负责销售额的指标，生产部门负责成本控制和产量指标。责任主体的明确有助于推动各部门和员工的主动性和创造性的提升，也便于管理层进行监督和评估。

（二）实施有效的预算控制

1.制定职能部门包干管理控制制度

该制度的核心是为各职能部门设定固定的预算（包干），相关部门需在这一预算内完成既定的职能任务，有效地促进成本控制和资源优化。

包干管理控制制度要求企业对各职能部门的业务需求、历史支出和战略目标进行深入分析，并基于这些数据设定合理的预算。数字化工具在这一过程中扮演着极其重要的角色。通过集成的企业资源规划（ERP）系统或者专门的预算管理软件，企业可以自动收集和分析历史支出数据，预测未来的财务需求，为每个部门制定更为精确的包干预算。

制定了包干管理控制制度后，数字化内控系统能够提供实时监控和分析功能，确保各部门的支出不超过预定的包干。这些系统可以配置预警机制，在预算接近上限时自动通知部门负责人，这样部门就可以及时调整操作以避免超支。通过数据可视化仪表板，部门领导和财务管理层可以随时查看预算使用情况和运营效率，这有助于快速作出基于数据的决策。数字化工具还支持对包干管理控制的细化和个性化设置。例如，根据部门特定的操作模式和历史表现，预算控制系统可以设定不同的权限和控制级别，允许某些部门在不影响总体财务健康的前提下拥有更大的灵活性。

包干管理控制制度的实施需伴随有效的内部沟通机制，确保所有职能部门明白预算制定的基础和目标。数字化通信平台如内部社交网络或团队协作工具可以促进部门间的透明沟通和协作，帮助团队成员理解预算约束，同时鼓励他们寻求创新的方法，从以更低的成本完成任务。

2.制定部分费用定额控制制度与关键费用预算审批制度

部分费用定额控制制度是指对企业中某些可预见的、常规性质的费用（如办公用品、差旅费、通信费等）设定固定的费用上限。通过这种方式，企业可以预先控制这些费用的支出，避免浪费，同时促进部门在有限资源下的优化运作。数字化工具在此过程中发挥关键作用，它们通过自动化的数据采集和处理，能够精确地跟踪费用支出，实时反馈与定额的对比结果，确保各项费用严格遵守预设的限额。

关键费用预算审批制度涉及对企业中重大费用开支的控制，对于大额采购、重要投资决策等关键支出，需通过特定的审批流程，确保每一笔开支都得到充分的审查与评估。在这个过程中，数字化审批平台可以提供极大的便利，如电子工作流程管理系统（Workflow Management System）可以自动化进行审批流程，从提交申请到最终批准的每一步都有详细记录，确保透明性和可追溯性。这种系统还可以设置多级审批权限，根据费用的重要性和金额大小，自动引导申请单到相应级别的管理者审批。结合人工智能技术的预算控制系统可以进一步增强这一制度的效力。例如，AI可以基于历史数据分析预测未来的费用走势，提供决策支持，帮助管理层制定更为科学的费用定额；可以识别出异常支出模式，及时提醒管理层进行检查或调整，从而防止预算超支或出现财务风险。

3. 制定专项审批制度

专项审批制度通过发挥数字化工具的作用，可以实现更高效和透明的财务管理。例如，使用数字化审批平台能够确保所有专项支出申请都必须通过电子化流程提交。这样既加快了审批速度，又提高了处理的准确性。审批平台可以集成到企业的总体财务系统中，与预算管理和财务报告系统无缝对接，确保数据的一致性和完整性。使用这种平台，每一笔专项支出都需经过设定的审批节点，审批人员可以根据预先设定的权限和规则来处理申请。这些规则可能包括支出的金额限制、支出类型的限制及需要的支持文件。数字化系统可以自动检查这些条件是否满足，如果某一条件未被满足，系统将自动阻止进一步的审批流程，直至所有必需条件被满足。

专项审批制度中的数字化工具能提供实时监控和分析功能。管理层可以通过这些工具获得即时的支出更新，监控预算执行情况，并对任何超出预定范围的支出进行即时干预。这种即时反馈机制使得预算控制更加精确，能帮助企业迅速响应财务状态的变化。增强了财务审计的能力是数字化审批系统的一大优势，所有的审批记录和相关文件都进行电子化存储，易于追溯和审核，这在很大程度上减少了人为的错误和欺诈的可能性，大大提高了审计的效率和质量。

（三）健全预算绩效评价考核体系

预算绩效评价考核体系首先需要定义清晰、量化的绩效目标，这些目标应与企业的总体战略紧密相连。在数字化内控的支持下，企业可以利用数据分析工具从大量历史和实时数据中提炼信息，以此来设定这些目标。例如，通过分析过去的财务数据，企业可以确定不同部门或项目的成本效益，以设定新的预算控制目标。绩效评价考核体系还应包括多维度的评价指标，如成本控制、项目进度、质量标准等，以全面评估预算的执行效果。引入平衡计分卡等管理工具，可以帮助企业从财务和非财务两个角度全面衡量绩效。

在执行阶段，数字化工具为预算绩效评价考核体系的实施提供了强大支持，实时数据追踪和可视化展示技术使得管理层可以随时监控预算执行情况和绩效变化，及时发现问题并调整策略。通过设置自动化的绩效反馈和警报系统，当某个部门或项目的预算使用或绩效评分达到预定的阈值时，系统可以自动通知相关人员或部门负责人。这种即时反馈机制极大地提高了企业对预算和绩效管理的控制能力，确保了策略执行的及时性和有效性。

（四）完善预算管理保障机制

预算管理保障机制要求确立强大的政策和流程来指导预算的制定和执行，包括对预算编制的详细指南，规定如何根据企业的战略目标和市场环境来设定预算，以及如何进行预算的分配和调整。应制定明确的财务控制政策和程序，确保所有预算活动都符合企业的内部控制标准和外部法规要求。数字化工具在这一过程中扮演着核心角色，如使用企业资源规划（ERP）系统和预算管理软件，自动化进行预算编制和审批流程。这些系统能够提供实时的数据分析和报告功能，帮助决策者理解预算执行的当前状态和潜在风险，及时作出调整。

　　在预算执行和监控阶段，保障机制同样重要。通过部署先进的监控技术和数据分析工具，企业可以持续追踪预算的使用情况，比较实际支出与预算之间的差异，及时发现问题并采取措施。例如，可以设置自动化的预算监控系统，当预算支出超出预定范围时，系统会自动发出警告，确保管理层能够迅速响应，采取必要的纠正措施。通过建立一个全面的风险管理框架，包括风险识别、评估和缓解措施，企业可以更好地应对预算管理过程中可能出现的各种风险。数字化的风险管理工具，如风险数据库和模拟软件，可以帮助企业预测和准备应对可能对预算执行产生影响的不确定因素。

第七章　企业业财融合数字化发展中的组织行为与文化

第一节　企业顶层设计与制度体系建设

一、业财融合的组织战略模式

（一）业财主动嵌入模式

在现代企业管理中，财务部门与业务部门的融合模式强调了财务在业务决策和管理中的积极作用。这种模式需要财务部门响应业务需求，重新组织财务结构以支持业务发展，还要求财务部门在信息技术和财务共享的推动下，主动进行组织转型和升级。财务与业务的这种融合，使得财务部门不仅是业务的参与者，更是决策过程的积极推动者，通过深度参与业务运作并实施精细化管理，提供决策支持，确保资源的及时配置，并在业务执行过程中进行风险控制。如在设计交易结构和进行业务操作时，确保合规性并从战略和运营层面控制公司风险。

业财部门主动嵌入融合模式体现了在缺乏严格制度规范和成熟度不高的情况下，财务部门的自主参与和积极的管理意识。与传统的制度化管理模式相比，这种模式在实践中更具灵活性和主动性。财务部门一方面要根据业务的实际发展需求重新构建组织架构，另一方面需对财务职能进行重新定义，确保其更好地服务于业务部门，支撑企业的整体发展战略。

在传统的财务管理框架中，组织结构通常是围绕具体职能（如会计核算、资金管理和税务管理）来构建的。但是，随着会计系统的集中化和共享化，现代财务组织正在从这种核算中心型结构转变为更加具有战略性和分析性的架构。这一新架构包括三个主要部分：战略财务、经营财务和基础财务。战略财务关注长远规划和财务战略，经营财务侧重于业务决策支持和运营分析，而基础财务维持会计核算的合规性和信息共享的基础功能。

实施财务主动嵌入模式的过程分为五个详尽步骤，这一过程彻底融合了财务管理与业务运作。第一，企业需按照其经营模式划分经营的关键阶段；第二，针对每个阶段细化出关键的业务环节；第三，识别这些环节中与财务密切相关的点；第四，企业将确定财务管理的控制点，并在整个业务流程中进行嵌入，以确保财务监控的全面性；第五，通过连接这些控制点，实现一个系统化的闭环管理，逐步构建起业务与财务的整合管理体系。

以传统制造业为例，其经营模式通常由订单承接、排产、生产及销售和售后服务等几个关键环节组成。在这一模式下，销售订单的承接是驱动整个业务流程的起点，而销售及售后服务则标志着业务的完成。在每个业务环节中，企业都会详细定义与财务相关的关键点，并围绕这些点设置财务管理的控制点，如经营成果的预测、跟踪和确认等，具体如图 7-1 所示。这样的设置能使财务管理与业务操作紧密结合，还能通过持续的反馈和调整，推动财务管理活动的有效进行，形成一个完整的闭环管理体系。这种管理体系主要包括两个闭环 / 以损益表为核心的经营结果管理和以现金流量表为核心的资金管理，确保了企业财务的全面性与动态监控。

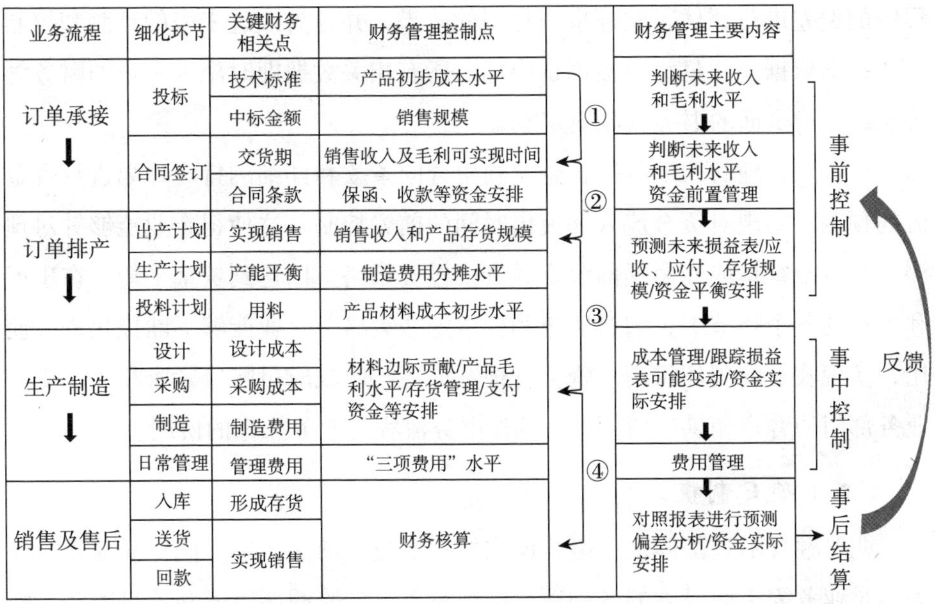

业务流程	细化环节	关键财务相关点	财务管理控制点		财务管理主要内容	
订单承接 ↓	投标	技术标准	产品初步成本水平	①	判断未来收入和毛利水平	事前控制
		中标金额	销售规模			
	合同签订	交货期	销售收入及毛利可实现时间	②	判断未来收入和毛利水平资金前置管理	
		合同条款	保函、收款等资金安排			
订单排产 ↓	出产计划	实现销售	销售收入和产品存货规模		预测未来损益表/应收、应付、存货规模/资金平衡安排	
	生产计划	产能平衡	制造费用分摊水平			
	投料计划	用料	产品材料成本初步水平	③		
生产制造 ↓	设计	设计成本	材料边际贡献/产品毛利水平/存货管理/支付资金等安排		成本管理/跟踪损益表可能变动/资金实际安排	事中控制
	采购	采购成本				
	制造	制造费用				
	日常管理	管理费用	"三项费用"水平	④	费用管理	
销售及售后	入库	形成存货	财务核算		对照报表进行预测偏差分析/资金实际安排	事后结算
	送货	实现销售				
	回款					

反馈

图 7-1　传统制造企业财务管理嵌套到业务流程

　　订单承接通过分析投标文件中的技术规格和价格，可以帮助企业初步估计订单收入、设计成本及预计的交货时间。结合这些信息，企业可以对同一会计期内的销售订单进行汇总，进而进行第一次的收入、成本和毛利预测。基于企业的费用率，这些数据能够形成初步的损益表预测，为企业未来的战略规划提供数据支持。在订单排产阶段，通过细化采购计划和生产计划，企业能够详细计算材料成本和进行制造费用的分摊。这个阶段的收入水平由出产计划决定。基于这些数据，企业能够生成更为精确的损益表预测，这将成为年度经营计划的重要数据依据。进入生产制造阶段，通过持续追踪设计变更、采购合同和制造进度，企业可以更准确地计算产品的变动成本和固定成本，进一步精细化损益表的预测。这种预测对于纠正年度生产经营的偏差及调整经营策略至关重要，是财务管理事中控制体系的核心。生产制造的后期及销售阶段，企业将进行各个会计科目的记账、财务报表的编制及订单执行的最终确认。这一阶段的数据能够精确反映企业的经营成果，还能对经营过程中的偏差进行评估，验证事中控制的效果，并且为改进未来的预测和控制方法提供依据。一旦订单被确认中标，所有相关数据即时融入企业的财务管理系统，为全面的财务控制奠定基础。

在资金管理的初期阶段，企业利用合同条款和详细的排产计划进行资金流的预测，实现对资金流入和流出时间的前置控制。这使得企业能够针对预测出的资金缺口或冗余提前制定融资或投资策略，以达到资金平衡。在生产和销售的各个环节中，通过实施和调整这些策略，企业能够不断优化资金使用，实现收支的闭环管理。资金管理系统还与应收应付账目紧密相连，支持业务部门的客户和供应商管理，确保财务流程与业务操作的协同。

（二）项目制模式

业财融合不只是体现在组织模式如制度或主动嵌入中，同样显现于企业为满足业务需求而设立的各种项目制组织里，如跨职能团队和项目团队。跨职能团队是一种横向组织结构，成员来自企业内部的不同职能部门，协同工作以实现如新产品开发或提升运营效率等为共同目标。这类团队依赖成员间的相互合作，具备灵活性和持续学习的特点，能极大增强组织对外部变化的响应能力和内部信息流通。通过将视角从单一部门扩展到整个组织，这种团队模式促进了知识共享和创新，激发了组织的变革动力。

项目团队通常是为了完成特定的重大项目如研发或投资项目而成立的，团队成员可能包括设计师、工程师、财务专员、采购和生产人员等，形成一个为共同目标努力的正式结构。这种团队的设置直接支持了组织内部的重要任务完成和战略实现。

这三种组织模式——制度化模式、主动嵌入模式和项目制组织在实践中并不互斥，而是根据业财融合的实际应用和需要在不同程度上相辅相成。每种模式都有其独特的贡献和适用场景，共同推动企业在复杂多变的商业环境中实现财务和业务的高效整合。

二、制度体系建设

（一）职能管理体系

为实现业财融合，企业需重构其组织架构和管理体系，构建一个扁平化、跨部门协作、权力下放以及流程灵活的职能管理体系。业财融合的核心在于市场经营线与行政综合线的有效协同，确保两者在战略和日常操作中的无缝对接。目前，许多企业的管理体系还囿于传统的科层结构、直线管理及总部集中权力的模式，这些都是业财融合进程中的障碍。为了消除这些障碍，企业需建立一种内部运营与外部价值链一体化、无界限的数字全覆盖管理体系，通过数据集成和平台管理，实现责任与权力的下放，推动各业务单元实现独立核算和自主经营。

业财融合要求企业模糊运营前台与管理后台的界限，打破职能管理的壁垒，压缩信息传递的层级，以提升管理效率和加快响应速度。从管理会计的角度看，企业管控可以分为运营型、战略型和财务型三种模式。运营型管控以总部为指挥中心，强调统一的经营运营和资源集中配置，专注于流程控制和业务管控。战略型管控将总部定位为投资决策中心，负责整体战略规划和投资决策，支持下属单位作为利润中心并拥有较大的经营自主权，促进协同发展。在财务型管控中，各下属单位在资源配置、战略规划和经营业务方面享有较大的自主权，总部作为财务投资中心，主要通过财务报表指标和业绩结果来评价这些单位。

在业财融合的框架下，企业应根据外部市场环境、自身战略方向、各下属单位的战略地位及管理的成熟度等因素来选择合适的管控模式，并应保持这一模式在一定时期内的稳定性。不同的管控体系将导致业财融合在工作机制、流程设计及关注焦点上的差异。但是，在任何选定的管控模式下，企业内部应推行一项共同的方针：加强市场化和契约化的内部结算机制。这意味着内部经营关系应尽量仿照市场运作模式，通过签署合作协议来构建契约关系，明确各方的合作细节、服务质量和响应时间等责任与权利。

（二）业绩评价考核体系

1. 建立科学有效的业绩评价体系

首先，业绩评价体系的建立必须基于可行性原则，确保该体系能够适应企业的具体状况并兼顾各部门的工作特性。因为只有当评价体系贴合实际工作环境时，才能确保它的有效性和应用广泛性。在设计评价指标时，应全方位考虑员工的工作表现，包括其在本职工作中独立完成任务的能力及其在跨部门协作中提供的支持和服务。

其次，评价体系必须坚持公开和公平的原则。公开性保证了每一位员工都能理解和接受评价的标准和流程，不仅提高了评价体系的透明度，还有助于建立员工对评价过程的信任。而公平性关乎评价结果能否真实、客观地反映员工的实际表现。实现这一点需要评价者持续保持客观立场，并采用标准化的评估工具来减少主观偏见的影响。

最后，及时的反馈是业绩评价体系的重要部分。快速且明确的反馈确保员工能够实时了解到自己的工作表现和存在的不足，进而在未来的工作中作出相应的调整和改进。这种反馈机制能帮助员工更好地认识到自己的职业发展路径，增强了与上级或管理层的沟通，构建了一个开放和透明的工作环境。更重要的是，有效的反馈能够及时地奖励优秀表现或对未达标的表现进行必要的指导和纠正，这有助于提升员工的动力和参与感。

2. 建立公平合理的薪酬体系

构建一个公正且合理的薪酬体系能够吸引并留住关键人才，显著提升员工的满意度与忠诚度。通过这样的薪酬结构，员工被激励去提升必要的职业技能，并全心投入创造价值的过程中，进一步提高工作效率和加快业财融合的步伐。在确定薪酬水平时，企业应基于一套科学的业绩评价体系，综合行业平均标准、企业的营运状况和员工的期望来设定，保证薪酬与员工的工作表现呈正相关。在薪酬结构设计上，企业需要采取多维度的策略，将固定工资与变动奖金、长期激励与短期奖励以及精神上的鼓励与物质上的回报相结合。

（三）人才培养和管理体系

企业应首先对人才教育培训内容进行全面优化，确保业务和财务部门的员工能够优化自己的知识结构和提升综合素质。具体而言，这包括但不限于将会计人员的专业知识培训与业务流程、投资理财及企业战略管理等领域的知识教育相结合。同样，业务部门的员工应接受财务管理、成本控制和经济效益分析等方面的培训，以强化他们的财务意识。对所有员工进行沟通协调、团队合作、信息管理及风险识别和防范的能力培养是必不可少的，这有助于增强他们的职业能力，并培养其现代经营管理的意识和理念。

企业需要创新并多元化人才培养方式。结合时代发展的需求，企业可以采用岗位培训与脱产学习相结合的方式，个人自学与导师制相辅助以及日常学习与定期集中培训相互补充的方法。这样的多样化培训方法旨在平衡理论学习和实际操作的需求，使员工能够在不同的学习环境中持续进步。

完善人才管理制度和政策是确保人才能够得到有效使用和发展的关键。企业应营造一个学习型的组织环境，全方位支持员工的学习和成长，包括提供必要的资源支持。而完善的职务晋升和技术职称评定制度能够确保人才被及时识别并被分配到最适合他们的岗位上。

第二节　业财融合数字化发展下财务人员的转型

一、财务人员的职能转型

在数字化时代，为了有效实施业财融合，企业不能仅依赖单向的信息传递，还需要依靠具有高素质的财务人员和有效的信息交流渠道以满足业财融合的复杂需求。随着企业财务管理的转型，财务人员的角色也发生了变化。他们不再聚焦于数据的收集和基本财务核算，更多地涉及决策，其职能转型具体体现在以下三个方面，如图 7-2 所示。

图 7-2　财务人员的职能转型

（一）从"账房先生"到"军事参谋"

在业财融合的数字化背景下，财务人员的角色和职能经历了显著的转型，从传统的"账房先生"，即主要负责会计核算如成本费用、应收应付账款核计和薪酬结算等职责，转变为企业战略中的"军事参谋"。在这一新角色中，财务人员利用大数据技术，深入分析企业的运营数据，提供关于成本管理、财务规划和预算编制的深入见解。这种职能的转变让财务人员能够预测未来的市场趋势和经营挑战，为公司制定长远的发展战略提供精准的财务数据支持。他们的工作不再局限于财务报表的编制，而是扩展到了为企业战略决策提供数据驱动的支持，帮助管理层优化决策过程，及时应对市场变化。

（二）从"服从者"到"参与者"

在旧模式中，财务工作往往是响应性的，紧紧围绕着事务性的记账、算账和报账活动展开，以及依据已生成的报表进行数据分析和执行管理层的财务指令。但是，财务共享服务的引入彻底重塑了这一格局，使企业财务分化为共享财务、战略财务与经营财务三大核心部分，每个部分都承担着不同的功能和责任。

在这一新架构中，被分配至共享中心的财务人员主要负责常规的财务会计处理和系统的运行维护。他们利用云端管理模式和数字化工具，从互联网资源中整合和提取必要的数据，为集团公司提供高效且高质量的会计服务。这标志着财务人员的角色从基础信息的提供者、战略决策的支持者发展到业务部门的合作伙伴，实现了质的飞跃。

（三）从"资源消耗者"到"价值创造者"

这一转型体现在财务管理如何通过采纳先进的财务分析技术和决策模型，将企业战略转化为具体的经营和预算目标，进一步推动企业的可持续增长。

现代的价值型财务聚焦于创造价值，利用财务组织体系的改进和优化，通过预算管理、高效的报告体系和灵敏的预警机制，确保企业目标的达成。此外，财务共享服务的引入通过利用 IT 技术提升了信息处理的效率和服务质量，使企业的价值管理目标可以量化并进行数字化表达。财务人员运用大数据分析和财务预测工具，能够帮助管理层做出明确的财务承诺，再通过全面的预算管理实现这些承诺，以降低投资者的风险并增强其信心，推动企业价值的提升。

二、财务人员需具备的素质与能力

（一）构建互联网思维，提高沟通合作能力

随着财务共享服务与互联网的融合深入，财务人员需要培养互联网思维，提升其沟通与合作的能力，以适应新的工作环境和要求。在这一背景下，财务人员应当采纳用户思维、平台思维等现代管理理念，以提升服务效率和客户满意度。

用户思维要求财务人员把客户放在服务的中心。这意味着需要深入理解和分析客户的需求，并要将客户积极引入到财务服务的日常流程和质量改进中。通过这种方式，财务人员能够定期收集和分析在服务过程中遇到的问题，并与客户一起探讨和实施解决方案，确保财务服务能够更好地满足客户的实际需求。

平台化思维的内涵是双重的。一方面，财务共享服务中心应成为连接业务与财务、企业与供应商、企业与银行的桥梁，形成一个多方参与、资源共享的平台；另一方面，平台化涉及提升企业员工个体的责任感和积极性，通过建立个人的"小平台"，增强全体员工的凝聚力和向心力，从而提升整个组织的运行效率。

业财融合的推进也意味着财务工作从传统的封闭式管理转向更加开放和协作的模式。在这种模式下，财务人员需要具备更强的大局意识和服务意识，需要与其他部门进行密切合作，通过开放的思维和积极的沟通，促进财务职能的全面发挥，支持企业的整体战略和实现运营目标。

（二）搭建复合型知识结构，拓展管理决策能力

在当前的云计算、大数据和"互联网+"时代，财务共享服务正在朝着成为数据中心、独立运营的财务实体和提供咨询及增值服务等更高级的方向发展。这种转变促进了财务人员职能的双向演化，即将财务人员的角色从传统的财务职能扩展到非财务领域，以及加强非财务人员的财务意识和能力。

在这一转型过程中，财务人员被鼓励打破财务部门的固有界限，主动探索和了解公司的整体经营流程。他们需要与业务管理团队建立紧密的合作关系，积极参与到公司战略的制定和执行中，提供关键的财务见解和决策支持。这要求财务人员具备跨领域的知识和能力，以能够在多方面为公司的发展作出贡献。同时，公司的非财务管理层需要具备基本的财务知识，这样他们才能够从财务的角度分析和处理管理中遇到的各种问题。这种财务化的趋势要求管理人员既要在自己的专业领域有所建树，又要理解财务数据背后的含义，增强其在战略规划中的决策能力。

（三）形成专业化竞争优势，培养工作聚焦能力

传统的专业判断往往依赖于会计和审计领域的经验积累，主要基于特定领域的专业知识，且对其他学科的依赖较小。然而，随着财务职能的不断转型，专业判断正在从单一的经验型逐步向多领域融合的专家型转变。这种新的专业判断模式要求财务人员具备深厚的会计知识，掌握金融、法律、统计、经营管理及工程等领域的综合知识和实践经验。

在这种背景下，财务部门应逐渐转变为一个由多学科专业人才组成的高精尖资源库。通过不同专业背景的人员开展协同合作，财务团队能够提供更加全面和精准的决策支持。与此同时，财务人员需要在工作中更加聚焦于自己的专业领域，并形成清晰的专业分层，确保他们能够深入理解和解决业务

中的复杂问题。这种聚焦提高了他们的专业能力，为企业的经营决策提供了更为专业和有力的支持，有助于实现专业化与复合化的良性互动。

第三节　业财融合数字化发展下企业文化的建设

一、企业文化在业财融合中的作用

（一）增强内部凝聚力

凝聚力是企业内部力量的统一，可以使员工在追求共同目标的过程中形成合力，是企业文化实力的直接体现。企业文化通过塑造共享的价值观、使命和目标，为员工提供了一个共同认可的行为准则和思维模式。当员工对企业的目标和价值观有着深刻的认同时，他们更容易在日常工作中展示出更高的投入和更强的协作能力。特别是在业财融合的背景下，财务和业务部门需要紧密合作，共同面对市场变动和内部挑战。一个强有力的企业文化可以显著提高这种跨部门合作的效率、增强其效果。

（二）支持快速决策和创新

一个具有活力的企业文化能够提供必要的框架和自由度，使得决策过程更加迅速而有效。企业文化中的透明度和开放性能够确保信息自由流通，这对于快速响应市场变化和应对内部挑战至关重要。例如，在业财融合的环境下，财务和业务部门通过共享数据和进行分析，可以更快地识别风险和机会，进而快速作出战略性决策。当企业文化鼓励探索和实验时，员工更愿意提出创新的解决方案，并对可能的变革持开放态度，这直接提升了企业的敏捷性和竞争力。

企业文化在激发和维持创新活动中起核心作用。在一个重视创新的文化环境中，员工被激励去不断寻求改进现有工作方式和探索新技术的可能性。

这种文化具有的对失败的容忍度和支持从错误中学习的态度，为员工提供了一个安全的试验和创新的环境。具体到业财融合，这意味着财务人员可以积极参与到业务流程的改造中，利用数字化工具和平台创造新的价值，如通过自动化工具减少报告时间，或利用先进的数据分析方法优化资金管理。

（三）培养数字化思维

一个以数字化为核心的企业文化鼓励员工积极探索和利用数字工具来优化工作效率和增强数据驱动的决策制定。这种文化支持创新，将技术视为实现企业战略目标的关键资源。例如，当企业文化强调数字技能的重要性时，员工更有可能主动学习如何利用数据分析、云计算和人工智能等工具来提升其工作效率，这种主动性直接加速了业财融合的实施。

培养数字化思维的企业文化涉及对失败的容忍和对创新尝试的鼓励。在快速变化的数字环境中，试错过程是不可避免的，企业文化如果能够支持从失败中学习并快速迭代改进，就能更有效地推动业务和财务的数字化融合。这样的文化在很大程度上可以提升团队的适应性和灵活性，使整个组织更加敏锐地响应外部的技术变革。通过这种方式，员工被鼓励在日常工作中应用数字工具，管理层则通过持续投资于最新技术和培训，保证团队能够充分利用这些数字资源。最终，这种文化营造了一个持续创新和技术驱动的工作环境，确保了企业在业财融合过程中能够有效利用数字化优势，提升整体竞争力。

（四）强化伦理和合规性

一个坚固的伦理和合规文化为企业的财务与业务融合提供了必要的道德框架和行为准则，确保企业在追求效率和利益最大化的同时，能够遵循法律法规和道德标准。这种文化支持企业在处理敏感数据时保持透明度，维护客户和合作伙伴的信任。随着企业依赖数字化工具和平台的程度增强，加大对数据安全、隐私保护和反欺诈等方面的关注变得尤为重要。合规性文化能够减少企业面临的法律风险，提升企业形象，吸引投资者和客户，促进企业的可持续发展。

（五）提升员工满意度和忠诚度

在业财融合中，当财务和业务部门通过共享目标和资源更紧密地合作时，员工可以更清楚地看到自己工作的直接影响和意义。这种见证自己对企业战略作出贡献的能力是提高满意度的关键因素。企业文化强调透明沟通和员工参与决策，这将进一步增强员工的信任和忠诚度。在这样的环境下，员工更愿意长期投身于企业，也更可能在业财融合的各个方面积极贡献力量，推动企业整体目标的实现。

二、实施核心价值观推动业财融合

（一）核心价值观有助于构建信任与责任感

当企业明确强调诚信与责任感这些价值观时，不仅塑造了一种期望每个人都遵循的行为标准，还建立了一种企业文化，使得员工在每一次决策时都能深刻意识到自己的选择和行为如何影响到企业的未来。这种文化背景促使员工不只是在监管或管理的压力下，更是基于对企业和同事的信任以及对共同成功的责任感而采取行动，主动寻求和实施改进措施。在这样的环境下工作，员工的工作效率将大幅提升，且在日常工作中，员工能充分发挥创造性和主动性，进一步推动业财融合的深入发展。

（二）核心价值观有助于促进创新与适应性

核心价值观中的创新精神和灵活性是企业在快速变化的数字化市场中保持竞争力的关键因素。这些价值观激励员工采纳并掌握新技术，推动他们思考和实施工作流程的改进，进而提升整体业务效率和响应市场变化的能力。例如，当企业文化强调创新时，员工更可能接受和利用先进的数字工具如自动化软件、云计算服务及大数据分析平台。这些工具可以加快财务报告的生成速度，提供更深入的成本管理和资源优化见解。

三、数字化工具与企业文化的融合策略

下面从三个方面阐述如何整合数字化和企业文化这两个元素以推动企业

向前发展。

（一）提升数字工具的接受度和使用效率

企业文化对于员工接受和有效使用新的数字化工具至关重要。企业需要营造一种支持和鼓励探索新技术的文化氛围，既需要领导层的积极参与，又需要员工在日常工作中能够体验到数字化带来的具体好处。为此，企业可以设立定期的培训和研讨会，使员工能够熟悉这些工具的操作并了解它们如何帮助改进工作流程。通过实际案例展示这些工具在提高工作效率、降低成本和增强数据分析能力方面的成效，进一步增强员工的使用意愿。企业应该鼓励员工提出改进意见和进行反馈，以持续优化工具的功能和用户体验。这种以用户为中心的方法不仅发挥了数字工具的作用，还通过不断的学习和改进，强化了企业的创新文化。

（二）利用数字化工具加强内部沟通

在数字化时代，企业可以利用多种数字工具来加强内部沟通和信息共享，如内部社交平台、即时通信工具和协作软件等，都可以用来提高团队间的交流效率和透明度。企业文化需要强调这些工具的重要性，并将其纳入日常工作流程中，确保信息在组织内部自由流动，无论是跨部门还是在不同地理位置的办公区域之间。这样的策略能够减少误解和降低沟通成本，快速响应业务需求和市场变化。通过定期的沟通和反馈，企业可以确保所有员工都能在相同的知识水平上共同推动业务目标的实现。同时，这种文化支持了知识共享和集体智慧的发展。

（三）将数字化工具与企业战略融合

数字化工具应与企业的长远战略紧密结合。这意味着企业不仅要在技术采购时考虑当前的需求，还要预见未来的发展方向。企业文化应该强调持续改进和具有前瞻性思维，鼓励员工利用现有的数字工具探索新的商业模式和服务。领导层应该定期评估现有技术的战略适应性，并考虑引入新技术以支持企业的长期目标。通过将数字化工具的使用与企业战略对齐，最大化这些工具的价值，确保企业能够在不断变化的市场环境中保持竞争力。

四、培养跨部门协作的组织文化

（一）建立共享的目标和愿景

成功的跨部门协作首先需要从顶层开始，建立和传达一个公共的企业愿景和目标。这个共享的目标应当明确，并且能被不同部门理解和接受，以确保所有团队都朝着同一个方向努力。企业文化应强调每个部门对实现这一总目标积极作出贡献，同时明确各自的角色和责任。领导层应通过定期的会议和沟通来强化这一点，确保所有团队成员都清楚企业的长远目标及其个人和部门的贡献如何帮助实现这些目标。在这种策略下，提升整个组织的目标导向性和任务驱动力。

（二）优化沟通和信息流通机制

要实现有效的跨部门协作，优化沟通渠道和信息流通机制是关键。企业应投资于先进的通信和协作技术，如企业社交网络平台、项目管理软件和即时通信工具，这些都可以帮助不同部门的员工轻松交流和共享信息。企业文化应鼓励开放和透明的沟通风格。例如，可以定期组织跨部门工作室和团队建设活动，一方面是为了工作上的交流，另一方面是打破部门间的壁垒，建立个人关系和互信，这对于促进不同背景和专业的团队成员之间的理解和合作至关重要。通过这些措施，员工可以更好地理解其他部门的工作重点和挑战，从而更有效地协调工作。

（三）强化团队合作和共享成功的文化

培养一种团队合作和共享成功的文化对于跨部门协作十分重要。企业文化应当奖励那些支持和促进团队合作的行为，如通过表彰在跨部门项目中表现突出的团队和个人。领导层应该定期审视和调整激励机制，确保它们能够真正反映团队合作的价值，而非仅仅奖励个人的成就。通过共享成功的故事和庆祝整个团队的成就，企业可以进一步加强员工之间的联系，增强他们对组织的忠诚度和归属感。

五、评估与优化企业文化对业财融合的影响

（一）定期评估企业文化的适应性和效果

评估企业文化对业财融合的支持程度需要从文化的适应性和影响效果两个方面进行。首先，组织需要通过定期的文化评估调查（如员工满意度调查、文化适应性评估等）来收集数据反映当前文化状态与业财融合需求之间的契合度。这种评估可以揭示出文化中哪些元素支持了业财融合，哪些可能构成障碍。如果文化评估显示员工对于跨部门合作持开放态度并乐于接受数字化工具，这表明文化在某种程度上支持了融合的推进。反之，如果发现部门间存在隔阂或对新技术产生了抗拒，这提示需要在文化引导上进行优化。

（二）强化支持业财融合的文化要素

评估了企业文化对业财融合的现有影响，下一步是识别并强化那些促进融合的文化要素，包括增强团队间的信任、提升透明度、鼓励创新思维和正确接受失败的态度。组织可以通过具体的培训程序、领导力发展和团队建设活动来强化这些要素。例如，通过为管理层和关键团队成员提供关于领导多元团队和促进创新的培训，增强他们推动跨部门合作和技术接受的能力。此外，可以修改激励机制，确保奖励那些符合业财融合目标的行为，以强化支持性文化要素。

（三）优化企业文化以适应不断变化的业务环境

业财融合是一个动态的过程。随着外部市场和技术环境的变化，企业文化需适时调整以适应这些变化。组织应该建立起一种灵活的文化调整机制，使文化能够快速响应外部变化，包括定期审视和调整公司的核心价值观、工作准则和行为标准，确保它们能够反映最新的业务战略和市场需求。同时，通过持续的沟通和教育，确保每位员工都能理解这些文化调整的原因及其对个人和团队的具体意义。

参考文献

[1] 吴娟 . 数字化转型中业财融合及其实现路径研究 [M]. 长春：吉林人民出版社，2022.

[2] 程燕 . 数字化时代下的智慧理财研究 [M]. 北京：北京工业大学出版社，2023.

[3] 薛祖云 . 会计信息系统：基于业财融合的 ERP 系统环境 [M]. 厦门：厦门大学出版社，2018.

[4] 郭奕，赵旖旎 . 财税 RPA：财税智能化转型实战 [M]. 北京：机械工业出版社，2020.

[5] 高志强，阳会兵，唐文帮 . 作物学数字教学资源建设 [M]. 长沙：湖南科学技术出版社，2022.

[6] 黄忠华，王克勇，李银林，等 . 国之重器出版工程智能信息处理 [M]. 北京：北京理工大学出版社，2021.

[7] 张能鲲，张军 . 业财一体化：从应用路径到顶层战略规划 [M]. 北京：机械工业出版社，2023.

[8] 邹丽，伍丽雅 . 管理会计 [M]. 重庆：重庆大学出版社，2020.

[9] 何艳，张薇 . 管理会计学 [M]. 苏州：苏州大学出版社，2021.

[10] 马俊云，李雪 . 会计学 [M]. 上海：立信会计出版社，2022.

[11] 李晓辉 .RPA 机器人在业财融合中的应用探究 [J]. 中国集体经济，2024（12）：182.

[12] 冯巧根 . 权变性管理会计：创新驱动的战略选择 [J]. 会计之友，2016（12）：122-128.

[13] 何蕾. 企业推进业财融合所涉及问题的思考 [J]. 中国价格监管与反垄断, 2024（8）：102-104.

[14] 赵一瑾. 财务共享模式下 T 公司业财融合应用研究 [J]. 中国会展, 2024（15）：107-109.

[15] 魏璐. 基于业财融合的数字化财务管理转型探索 [J]. 上海企业, 2024（8）：143-145.

[16] 陈欧阳攀. 新形势下业财融合在企业的应用研究 [J]. 乡镇企业导报, 2024（15）：96-98.

[17] 裴志锴. 业财融合下财务分析提升企业经济效益的几点思考 [J]. 乡镇企业导报, 2024（15）：156-158.

[18] 张香. 企业实施业财融合推进精细化财务管理的探讨 [J]. 乡镇企业导报, 2024（15）：195-197.

[19] 王嘉璐. 企业财务管理中业财融合探究 [J]. 老字号品牌营销, 2024（15）：182-184.

[20] 吴小卫. 业财融合视域下企业财务管理优化举措分析 [J]. 老字号品牌营销, 2024（15）：161-163.

[21] 龚宥鸣. 精益管理会计模式下的业财融合企业运营成本评价 [J]. 中国集体经济, 2024（22）：57-60.

[22] 李闻轩. 基于业财融合视角的企业财务管理转型升级路径探究 [J]. 中国集体经济, 2024（22）：165-168.

[23] 安睿. 数字化背景下制造业业财融合对 ESG 战略实践的影响研究 [J]. 现代工业经济和信息化, 2024, 14（7）：225-227.

[24] 柳娇. 基于业财融合的财务数字化转型路径解析 [J]. 中国中小企业, 2024（7）：108-110.

[25] 何桂. 数字经济时代下中小企业业财融合存在的问题及对策 [J]. 中小企业管理与科技, 2024（11）：179-181.

[26] 孟韬, 张天锴. 数字时代企业的业财融合与组织韧性研究 [J]. 财经问题研究, 2024（6）：109-120.

[27] 马熙涵. 数字化背景下业财融合的路径研究：基于蒙牛的案例分析 [J]. 航空财会，2024，6（3）：92–99.

[28] 谢祯. 业财融合背景下财务会计向管理会计转型研究 [J]. 今日财富，2024（23）：101–103.

[29] 何金金. 人工智能时代财务会计向管理会计的转型研究 [J]. 乡镇企业导报，2024（14）：96–98.

[30] 乔丹. 业财融合下国有企业精细化财务管理探究 [J]. 财会学习，2024（21）：29–31.

[31] 吴修霞. 业财融合下企业内部控制的优化研究 [J]. 财会学习，2024（21）：149–151.

[32] 彭坤. ERP 业财一体化系统环境下会计信息质量的提高分析 [J]. 中国会展，2024（13）：109–111.

[33] 刘燕洁. 基于业财融合的项目内控管理优化路径 [J]. 今日财富，2024（20）：116–118.

[34] 武超. 浅谈业财融合在行政事业单位内部控制建设中的应用 [J]. 交通财会，2024（7）：62–65.

[35] 于润丽. 业财融合视域下现代企业财务管理转型的途径探索 [J]. 商业 2.0，2024（19）：108–110.

[36] 许华丽. 业财融合嵌入企业内部控制体系的应用探讨 [J]. 理财，2024（7）：78–80.

[37] 李月. 大数据环境下财务共享与业财融合的路径探讨 [J]. 活力，2024，42（12）：73–75.

[38] 金秋. 业财融合下企业管理会计战略转型路径研究 [J]. 商场现代化，2024（12）：165–167.

[39] 翟斌，周孝庆. 推动数字化转型，加快智能化建设　构建共享模式下业财一体的管理会计体系 [J]. 中国管理会计，2024（3）：87–94.

[40] 陈高林. 数字化转型背景下业财一体化平台在水利施工企业的应用 [J]. 四川水利，2024，45（3）：140–143.

[41] 吴莉莉. 业财一体化理念的现代企业财务信息化建设研究 [J]. 活力，2024，42（11）：37–39.

[42] 肖义英. 财务一体化管理中的"业财融合"与内控管理 [J]. 纳税，2024，18（15）：61–63.

[43] 李兴慧. 以财务信息化为抓手提高建筑企业财务管理水平的思考 [J]. 乡镇企业导报，2024（7）：171–173.

[44] 孙小伟. 业财融合背景下的财务数智化管理措施研究 [J]. 财讯，2024（7）：180–182.

[45] 李焱文. 基于企业数字化的财务共享中台建设研究 [J]. 中小企业管理与科技，2023（15）：144–147.

[46] 张亚. 业财融合背景下 A 公司全面预算管理优化研究 [D]. 南京：南京邮电大学，2023.

[47] 舒继. 数字化背景下 X 电力公司业财融合案例研究 [D]. 北京：中国财政科学研究院，2023.

[48] 韩敏. 业财一体化下建筑企业内部控制研究 [D]. 太原：山西财经大学，2023.

[49] 李桴瑞. 业财融合视角下 DF 公司管理会计报告优化研究 [D]. 南昌：南昌大学，2023.

[50] 宋婷. 基于业财融合的 R 公司内部控制优化研究 [D]. 荆州：长江大学，2023.

[51] 陈书. 业财一体化背景下 A 公司财务信息化建设研究 [D]. 广州：华南理工大学，2020.

[52] 陈蓉美. 基于业财融合的 C 公司财务管控研究 [D]. 南京：南京林业大学，2023.

[53] 谢梦，高原. M 集团业财融合视角下财务转型研究 [D]. 南京：南京邮电大学，2022.